夏の
かごバッグ
と帽子

BAG & HAT
OF ECO ANDARIA

エコアンダリヤの
デザイン A to Z

CONTENTS

A

B シンプルハット
HAT

細編みだけで編めるシンプルなハットは、トップを平らにしてトレンド感をプラス。編みっぱなしでくるりと上がったブリムが、ヘルシーな笑顔を印象づけます。

Designer：ナガイマサミ
How to make：p.44
Yarn：ハマナカ エコアンダリヤ

ヘリンボーン模様のバッグ

A
SHOULDER BAG

引上げ編みで描いたヘリンボーン模様が大人っぽいショルダーバッグ。太めのストラップは肩にかけたときの安定感が抜群なので、重いものを入れても楽チンです。

Designer：しずく堂
How to make：p.42
Yarn：ハマナカ エコアンダリヤ

C

TOTE BAG

交差模様の2wayトートバッグ

Mmmmm-♪

Feel Nice!

ひもの長さが自在にかえられ
る2wayトート。編み地に通
したひもを2重にしたらハン
ドルに、長くしたら肩かけに。
夏のおでかけには、日焼けし
た肌にもぴったりのテラコッ
タ色をセレクト。書類も入る
程よいサイズ感なので、色違
いも編んで一年中楽しんで。

Designer：河合真弓
Maker：関谷幸子
How to make：p.46
Yarn：ハマナカ エコアンダリヤ

ヘキサゴンバッグ

MARCHÉ BAG

6分割の底から立ち上がるラインが印象的な大きめマルシェバッグ。持ち手とタッセルにはマットなコットン糸を使って、ナチュラルすぎない仕上りに。底は2本どりでしっかり編んであるので、荷物をたくさん入れてもきれいなシルエットを保ちます。

Designer : 松田久美子
How to make : p.48
Yarn : ハマナカ エコアンダリヤ
　　　　ハマナカ ウオッシュコットン

定番のネットバッグは、エコアンダリヤ《ミックスカラー》でアップデート。ひと針ひと針編み進むごとに表情を変えるブルーのグラデーションが楽しくて、あっという間に編めちゃいます。持ち手とトリミングにライムイエローを効かせて。

Designer : ナガイマサミ
How to make : p.50
Yarn : ハマナカ エコアンダリヤ
　　　　ハマナカ エコアンダリヤ《ミックスカラー》

E

NET BAG

ネットバッグ

F
MINI BAG

ジグザグ模様のミニバッグ

1　　　2　　　3　　　4

正方形の底からジグザグと
立ち上がっていく、編むのが
楽しいミニバッグ。どんな服
にも合わせやすいワンカラ
ーは3玉で編める手軽さが魅
力。柄が際立つマルチボー
ダーは、自分だけのオリジ
ナルカラーにトライしてみるの
もGOOD！

Designer：城戸珠美
How to make：p.52
Yarn：ハマナカ エコアンダリヤ

11

G

SHOULDER BAG

透し模様のショルダーバッグ

3玉で編めるショルダーバッグ。側面は増減なく筒状に編むだけなので、意外と簡単。タックを寄せた入れ口が大きく開くので、出し入れしやすいのもうれしい。

Designer：ハマナカ企画
How to make：p.54
Yarn：ハマナカ エコアンダリヤ

H

CLOCHE

異素材ミックスのクローシュ

クラウンはコットン糸、ブリムにエコアンダリヤを使ったクローシュ。クラウンをマリンボーダーにしたら、夏のシンプルな着こなしのアクセントに。

Designer：金子祥子
How to make：p.56
Yarn：ハマナカ エコアンダリヤ
　　　　ハマナカ ウオッシュコットン

シェル模様のキャミソール型
バッグは、大人っぽいグレー
ジュを選べば、カジュアルに
もきれいめにもフィット。三
角形のモチーフを2枚編んで
から、レザー底に編みつけ
る構造が新鮮です。収納力
も底の強度もばっちりなので
機能性も申し分なし!

Designer : 橋本真由子
How to make : p.58
Yarn : ハマナカ エコアンダリヤ

シェル模様のバッグ

SHOULDER BAG

立体模様のハンドバッグ

ダマスク模様のようなテクスチャーが目を引くバッグ。底には強度をUPさせるひと工夫がしてあるので、底板がなくてもかっちりした形をキープします。マグネットホックつきの入れ口、肩かけできる長めのハンドルなど、使いやすい工夫も満載。

Designer：城戸珠美
How to make：p.60
Yarn：ハマナカ エコアンダリヤ

4ページのバッグの色違い。チャコールグレーで編んでも、引上げ編みのヘリンボーン模様がしっかりと浮き上がります。

Designer：しずく堂
How to make：p.42
Yarn：ハマナカ エコアンダリヤ

A
ヘリンボーン模様のバッグ

SHOULDER BAG

Phew!

K

SAFARI HAT

サファリハット

タウンユースからアウトドアシーンまで
大活躍しそうなカーキブラウンの中折れ
ハット。ユニセックスなデザインなので、
ボーイフレンドとシェアしても。

Designer：金子祥子
How to make：p.62
Yarn：ハマナカ エコアンダリヤ

L

ウェーブ柄ぺたんこバッグ

TOTE BAG

夏の海を思わせる模様がキ
ュートなぺたんこトート。鎖
編みから長々編みまでのゆ
るやかな高低差を繰り返すこ
とで、ウェーブ模様を表現し
ています。

Designer：松田久美子
How to make：p.64
Yarn：ハマナカ エコアンダリヤ

M

TOTE BAG

筋編みのトートバッグ

筋編みのラインを縦に配したトート。シンプルなデザインとA4ファイルが入る使い勝手のいいサイズ感で、オン・オフ問わずサブバッグとしても活躍してくれるはず。

Designer：ハマナカ企画
How to make：p.66
Yarn：ハマナカ エコアンダリヤ

N

筋編みのマイクロバッグ

MICRO BAG

大きなリングとタッセルがスタイリッシュなマイクロバッグは、アクセサリー感覚で身につけたい。カードやリップ入れなどに意外と重宝しそう。

Designer：ハマナカ企画
How to make：p.67
Yarn：ハマナカ エコアンダリヤ

メリヤス細編みの花柄マルシェバッグ

バッグ一面ぐるりと囲んだバラがロマンティックなマルシェバッグ。レザー底を使えば、あとはひたすら編込みに集中するのみ。ブラウンorブルー、どちらの色がお好み?

Designer:今村曜子
How to make:p.68
Yarn:ハマナカ エコアンダリヤ

1

後ろリボンのクローシュ

後ろ姿がとびきりキュートな
リボンつきクローシュ。サイ
ドとブリムを大きく編んでか
らタックを寄せているので、
編み上がってからのサイズの
微調整が可能です。

Designer：河合真弓
Maker：関谷幸子
How to make：p.70
Yarn：ハマナカ エコアンダリヤ

2

四角底のトートバッグ

TOTE BAG

幅広まちのスクエアなシルエットがかわい
いトート。交差と引上げ編みのボーダーレ
ース模様が、ありそうでなかったデザイン。
四角く編んだパーツを外表に合わせて細
編みでつないで組み立てる、シンプルな構
造も魅力です。

Designer：岡本啓子
Maker：山内聖子
How to make：p.72
Yarn：ハマナカ エコアンダリヤ

織り物みたいなテクスチャーが際立つ巾着型ショルダーは、財布とスマホ、メイクポーチなどの必要最低限アイテムが収まる、おでかけにちょうどいいサイズ。スモーキーなピンクは季節を問わずコーディネートしやすい、おすすめカラーです。

Designer : Knitting.RayRay
Maker : 栗田裕章
How to make : p.74
Yarn : ハマナカ エコアンダリヤ

R

SHOULDER BAG

巾着型ショルダーバッグ

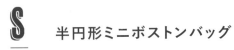

半円形ミニボストンバッグ

BOSTON BAG

楕円モチーフとファスナーつきの四角いまちをつなぎ合わせたミニボストン。ナチュラルな風合いのエコアンダリヤにきちんと感をプラスした新感覚のデザインです。小ぶりながらもしっかりまちがあるので、マイボトルや長財布も収まります。

Designer : 岡本啓子
Maker : 山内聖子
How to make : p.76
Yarn : ハマナカ エコアンダリヤ

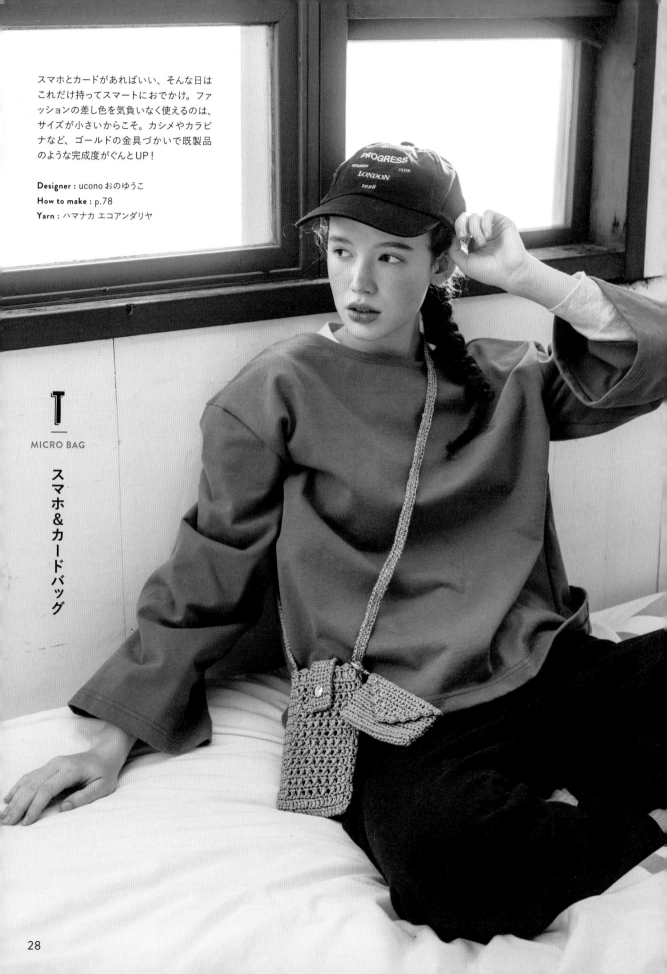

スマホとカードがあればいい、そんな日は
これだけ持ってスマートにおでかけ。ファ
ッションの差し色を気負いなく使えるのは、
サイズが小さいからこそ。カシメやカラビ
ナなど、ゴールドの金具づかいで既製品
のような完成度がぐんとUP！

Designer : ucono おのゆうこ
How to make : p.78
Yarn : ハマナカ エコアンダリヤ

T

MICRO BAG

スマホ＆カードバッグ

ダイヤ柄レースのホーボーバッグ

HOBO BAG

ダイヤ柄のレースが涼しげなホーボーバッグは、ピュアなホワイトでレトロなニュアンスをプラス。大きなスクエアモチーフを3枚編んでからはぎ合わた、一風変わったモチーフつなぎのバッグです。持ち手は肩で結んで、ロマンティックに。

Designer：青木恵理子
How to make：p.80
Yarn：ハマナカ エコアンダリヤ

異素材ミックスのクローシュ

クラウンにブラックのコットン糸を組み合わせたクローシュ。折りたたんでも形くずれしないのがうれしい。

Designer：金子祥子
How to make：p.56
Yarn：ハマナカ エコアンダリヤ
　　　ハマナカ ウオッシュコットン

ボーダーレースの半円バッグ

HAND BAG

長編みとレース模様の楕円モチーフに細いまちをはぎ合わせて、丸ハンドルをつけた遊び心のあるデザイン。サマードレスに合わせた夏のおでかけスタイルに。

Designer：青木恵理子
How to make：p.82
Yarn：ハマナカ エコアンダリヤ

ボーダーレースの半円ポーチ

POUCH

バッグとおそろいのポーチ。見えないおしゃれだけれど、同じ模様のバッグに忍ばせたら、心がときめくハッピーアイテム。ファスナーつきで機能性も◎。

Designer：青木恵理子
How to make：p.84
Yarn：ハマナカ エコアンダリヤ

X
—
CAP

夏のおでかけにはキャップを合わせて、旬なコーディネートに。幅広＆深めのブリムのレディライクなスタイルなので、キャップをかぶり慣れていないかたにもおすすめ。

Designer：金子祥子
How to make：p.86
Yarn：ハマナカ エコアンダリヤ

Y

TOTE BAG

フラップつきトートバッグ

厚みのある編み地と底まで通したハンドルのおかげで、A4ファイルはもちろんPCも受け止めてくれるしっかり仕様のバッグ。ベージュ×ブラックのカラーリングは最強。

Designer：marshell
How to make：p.88
Yarn：ハマナカ エコアンダリヤ

フラップつきトートバッグ

TOTE BAG

フラップつきバッグのワンカ
ラーバージョン。きちんと感
が増して、デイリーにはもち
ろん、お仕事バッグにも使え
る優れものに。

Designer : marshell
How to make : p.88
Yarn : ハマナカ エコアンダリヤ

編みやすさと使い勝手のよさが根強い人気のショッパーバッグ。折りたたみまちで見た目以上に容量もたっぷりあるので、エコバッグにも最適です。レース模様でおしゃれ度をUPしたら、デイリーなお買い物の気分を上げてくれるアイテムに。

Designer：金子祥子
How to make：p.90
Yarn：ハマナカ エコアンダリヤ

ショッパーバッグ

SHOPPER BAG

MATERIALS

エコアンダリヤを編むためには、まず必要な材料と用具をそろえることから。
基本の「き」から、より美しい仕上りをサポートするアイテムまで。

◎ 用意するもの

● 糸

エコアンダリヤ

木材パルプを原料とした再生繊維で、レーヨン100%。ナチュラルな風合いとさらりとした手触りが特徴です。撚りのない薄いテープ状で色数も豊富。製造上繊維の中に含まれる酸化チタンに、紫外線を吸収・乱反射させる効果があり、UVカット効果にも優れています。使用するときはラベルを外さず、内側から糸を取り出して使います。40g玉巻き。

エコアンダリヤ《ミックスカラー》

エコアンダリヤの段染め（グラデーション）タイプ。太さや素材はエコアンダリヤと同じです。40g玉巻き。

ウオッシュコットン

一部作品の持ち手やクラウンなどに使用。しなやかな風合いで光沢があり、エコアンダリヤとの相性も抜群。40g玉巻き。

● 用具

かぎ針

2/0号～10/0号まであり、数字が大きくなるほど太くなります。両かぎ針は2種類の太さの針が両端についていて便利。

毛糸とじ針

太くて先端が丸い針。糸始末やパーツのはぎ合せ、チェーンつなぎなどに使用します。

はさみ

よく切れる手芸用のはさみがおすすめ。

◎ あると便利なもの

● 段目リング

決まった目数段数を編んだところでつけておくと目印になり、数えるときに便利です。

● テクノロート
（H204-593）

形状保持に使うポリエチレン製の芯材。帽子のブリムなど形を保ちたいところに芯として編みくるんで使います。

● 熱収縮チューブ
（H204-605）

テクノロートの端の始末やつなぎ目に使用します。ドライヤーの熱を当てることで、縮んで形状を保持します。

● はっ水スプレー
（H204-634）

エコアンダリヤは吸水性の高い素材なので、スプレーを使い、はっ水・防汚効果を持たせるのがおすすめです。

● スプレーのり
（H204-614）

スチームアイロンで形を整えたあとスプレーのりをかけると、形状を長く保つことができます。

TIPS

整ったきれいな作品を編むために知っておきたいこと。
エコアンダリヤならではのポイントも、知っておくと仕上りに違いが出ます。

◎ エコアンダリヤをきれいに編むには

● 糸の特徴をとらえて編む

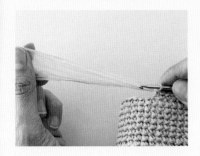

テープ状の糸が細くなっていることがあるので、その際は指で広げながら編みます。

テープの広がりをキープしたまま針にかけて引き抜くと、ふっくらした目が編めます。

● 編み地のうねりにはスチーム

編み地がうねってきたら、編み地から2cm程度浮かせてスチームアイロンを当てます。組み立てる構造のバッグなどは、パーツごとにスチームアイロンで形を整えてから、はぎ合わせます。

● ほどいた糸はそのまま使わない

編み間違えてほどいた場合、テープの広がりがつぶれてしまいます。編み直す際は、ほどいた糸に2cm程度浮かせてスチームアイロンを当て、糸を元どおり伸ばしてから使用しましょう。

● 帽子やバッグの仕上げ

1.
帽子やバッグの中に新聞紙やタオルを詰めて形を整えます。

2.
編み地から2cm程度浮かせて外側からスチームアイロンを当て、乾くまでそのままにします。ブリムは平らに置いて同様にスチームアイロンを当てます。

◎ ゲージについて

ゲージとは編み目の大きさの目安のことをいい、指定した編み地の一定の寸法の中に入っている目数と段数を示します。ゲージを合わせることで、掲載されている作品と同じサイズで編むことができます。ゲージは編む人の手加減によって異なるため、自分のゲージをはかって、それを目安に調整するとよいでしょう。

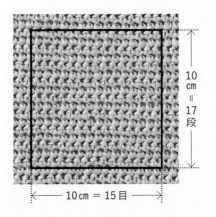

10cm = 17段

10cm = 15目

指定の編み方で編んだ15cm四方程度の編み地を平らに置き、指定の寸法内の目数と段数を数えます。

● 目数段数が指定より多いとき
手加減を少しゆるめにするか、表示よりも1〜2号太い針を使います。

● 目数段数が指定より少ないとき
手加減を少しきつめにするか、表示よりも1〜2号細い針を使います。

POINT LESSON

この本で使用しているテクニックのポイントを写真でご紹介します。
エコアンダリヤ作品でよく使う副資材の使い方も覚えておきましょう。

◎ テクノロートの使い方 　※わかりやすいよう黒のテクノロートを使用しています。

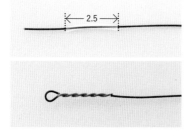

1. 2.5 cmにカットした熱収縮チューブをテクノロートに通します。チューブから引き出したテクノロートを二つ折りにして輪を作ってねじり、チューブをかぶせます。ドライヤーの温風を当ててチューブを縮めます。

2. 立上りの鎖を編み、前段の編始めの目とテクノロートの輪に針を入れます。

3. 糸をかけて引き出し、細編みを編みます。

4. 続けて、テクノロートを編みくるみながら細編みを編みます。

5. 途中でブリムの形を整えながら編み進みます。

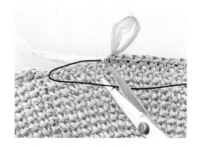

6. 編終りの5目手前まできたら、5目分の2倍の長さを残してテクノロートをカットします。

7. 1の要領で熱収縮チューブを使って輪を作ります。

8. 最後の目の手前まで編みくるみます。

9. 2、3の要領でテクノロートの輪に針を入れて細編みを編み、編始めと引き抜きます。

◎レザー底への編み入れ方

レザー底には、楕円のレザー底と補強用の底板の2枚が入っています。

1. レザー底、底板の穴に一緒に針を入れ、立上りの鎖編みを編みます。

2. 鎖編みが編めたところ。同じ穴に細編みを編みます。

3. 細編みが編めたところ。同じ要領で穴に編み入れていきます。

作品によっては、1つの穴に2目を編み入れる場合があります。

◎ハンドルの編みつけ方

1. ハンドルの中に針を入れ、糸をかけて引き出します。さらに針に糸をかけて引き抜きます。

2. 鎖1目で立ち上がり、針をハンドルの中に入れ、糸をかけて引き出し、細編みを編みます。

3. 細編み1目が編めました。

◎チェーンつなぎ　※わかりやすいよう、糸の色を変えています。

1. 編終りの糸を15cm程度残してカットし、糸端をとじ針に通します。編始めの目の頭の鎖をすくいます。

2. 編終りの目の鎖の中に針を入れ、裏側に出します。

3. 糸を引いて鎖目を作ります。糸は裏側で始末します。

◎ボーダー模様の色の替え方

1. 段の終りの引抜き編みは、次の段を編む糸（ネイビー）を針にかけて引き抜きます。

2. 引き抜いたところ。針にかかった糸がネイビーに替わりました。続けて、次の段を配色糸で編みます。

3. 裏の様子。糸が縦に渡ります。

◎メリヤス細編み

1. 前段の細編みの足の右側半目の手前側1本と頭の目2本に針を入れます。細編みの足は手前側1本しか拾わないので、針は左側から右に向かって入れます。

2. 細編みの要領で、針に糸をかけて引き出し、さらに針に糸をかけて引き抜きます。

3. メリヤス細編みが1目編めたところ。前段の細編みの目の間から、細編みの足が出ています。

◎メリヤス細編みの編込み模様

1. 新しい糸をつけて色を替えるところ。未完成の細編みを引き抜くときに、新しい色に替えて編みます。

2. 引き抜いたところ。目の頭は地糸（ベージュ）で、針にかかった糸が配色糸（ブルー）になりました。

3. 地糸（ベージュ）を編みくるみながら、配色糸（ブルー）で編みます。

4. 再び色を替えるところ。未完成の細編みを引き抜くときに、これまで編んでいた配色糸（ブルー）を地糸（ベージュ）の手前において交差させ、引き抜きます。

5. 引き抜いたところ。目の頭は配色糸（ブルー）で、針にかかった糸が地糸（ベージュ）になりました。

6. 同様に、配色糸（ブルー）を編みくるみながら、ベージュで編みます。

How to make

作品の編み方

この本の作品はすべてハマナカ手芸
手あみ糸を使用しています。
糸、副資材については下記へお問い
合わせください。

ハマナカ
〒616-8585
京都市右京区花園薮ノ下町2番地の3
hamanaka.co.jp
材料の表記は2024年2月現在のものです。

ヘリンボーン模様のバッグ

[糸] ハマナカ エコアンダリヤ（40g玉巻き）
　　　p.4：ベージュ（23）245g
　　　p.17：チャコールグレー（151）245g
[針] 6/0号かぎ針
[ゲージ] 細編み　18目17.5段が10cm四方
　　　　模様編み　18目19段が10cm四方
[サイズ] 幅33cm　深さ32.5cm

[編み方]
糸は1本どりで編みます。
底は鎖43目で作り目し、細編みを輪で往復に増しながら編みます。続けて側面を模様編みで増減なく編みます。側面に糸をつけ、持ち手を細編みで減らしながら編みます。持ち手の最終段どうしを巻きかがりにします。

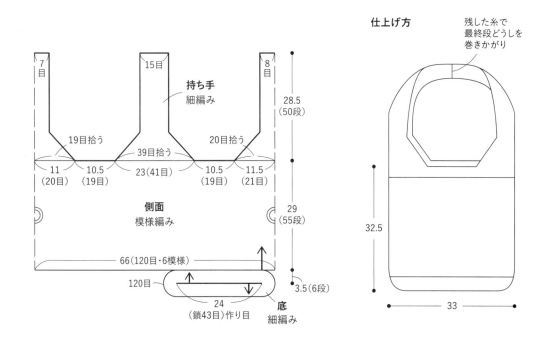

仕上げ方

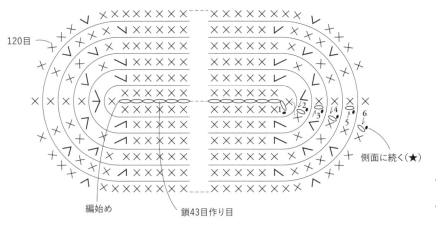

底
細編み

段数	目数	増し方
6	120目	4目増す
5	116目	8目増す
4	108目	4目増す
3	104目	8目増す
2	96目	
1	鎖の両側から88目拾う	

底の目数と増し方

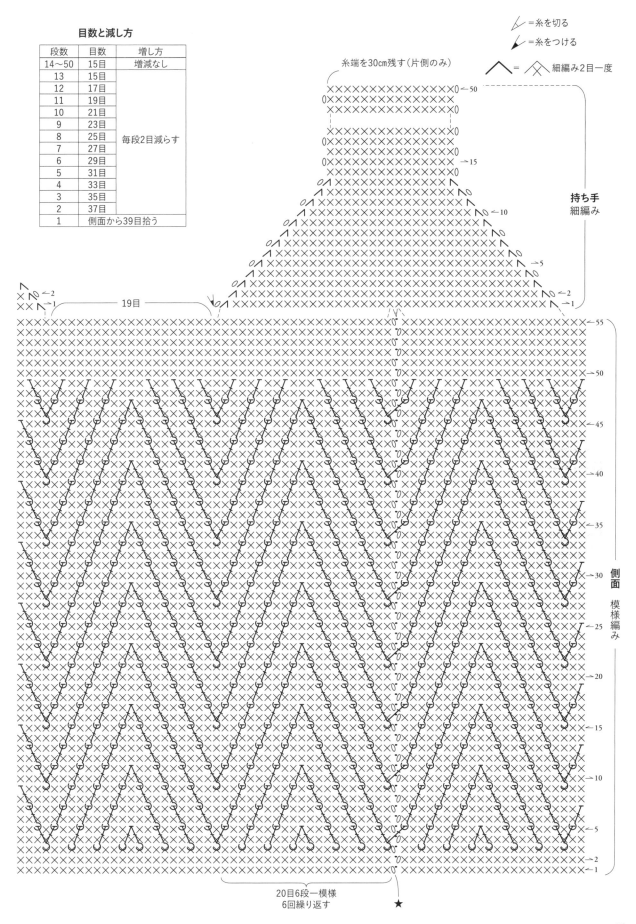

目数と減し方

段数	目数	増し方
14〜50	15目	増減なし
13	15目	
12	17目	
11	19目	
10	21目	
9	23目	
8	25目	毎段2目減らす
7	27目	
6	29目	
5	31目	
4	33目	
3	35目	
2	37目	
1	側面から39目拾う	

↗ =糸を切る

↘ =糸をつける

⋀ = ⋀ 細編み2目一度

糸端を30cm残す（片側のみ）

持ち手
細編み

19目

側面

模様編み

20目6段一模様
6回繰り返す

★

43

シンプルハット

[糸] ハマナカ エコアンダリヤ（40g玉巻き）
　　　ベージュ（23）115g
[針] 7/0号かぎ針
[ゲージ] 細編み　18目21段が10cm四方
[サイズ] 頭回り58cm　深さ11cm

[編み方]
糸は1本どりで編みます。
トップは輪の作り目をし、細編みで増しながら編みます。サイドも指定の段で増し、途中でひも通しを作りながら編みます。ブリムは増減しながら編みます。ひもを鎖編みで編み、ひも通しに通します。

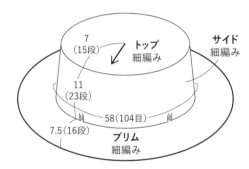

7
(15段)
トップ
細編み
サイド
細編み
11
(23段)
58(104目)
7.5(16段)
ブリム
細編み

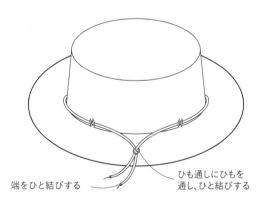

端をひと結びする
ひも通しにひもを
通し、ひと結びする

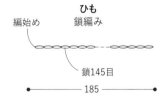

ひも
鎖編み
編み始め
鎖145目
185

目数と増し方・減し方

	段数	目数	増し方・減し方
ブリム	16	170目	10目減らす
	15	180目	増減なし
	14	180目	10目増す
	13	170目	増減なし
	12	170目	10目増す
	11	160目	増減なし
	10	160目	10目増す
	9	150目	増減なし
	8	150目	10目増す
	7	140目	増減なし
	6	140目	10目増す
	5	130目	増減なし
	4	130目	10目増す
	3	120目	増減なし
	2	120目	10目増す
	1	110目	6目増す
サイド	19～23	104目	増減なし
	18	104目	2目増す
	13～17	102目	増減なし
	12	102目	2目増す
	7～11	100目	増減なし
	6	100目	2目増す
	1～5	98目	増減なし
トップ	15	98目	増減なし
	14	98目	
	13	91目	
	12	84目	
	11	77目	
	10	70目	
	9	63目	
	8	56目	毎段7目増す
	7	49目	
	6	42目	
	5	35目	
	4	28目	
	3	21目	
	2	14目	
	1	7目編み入れる	

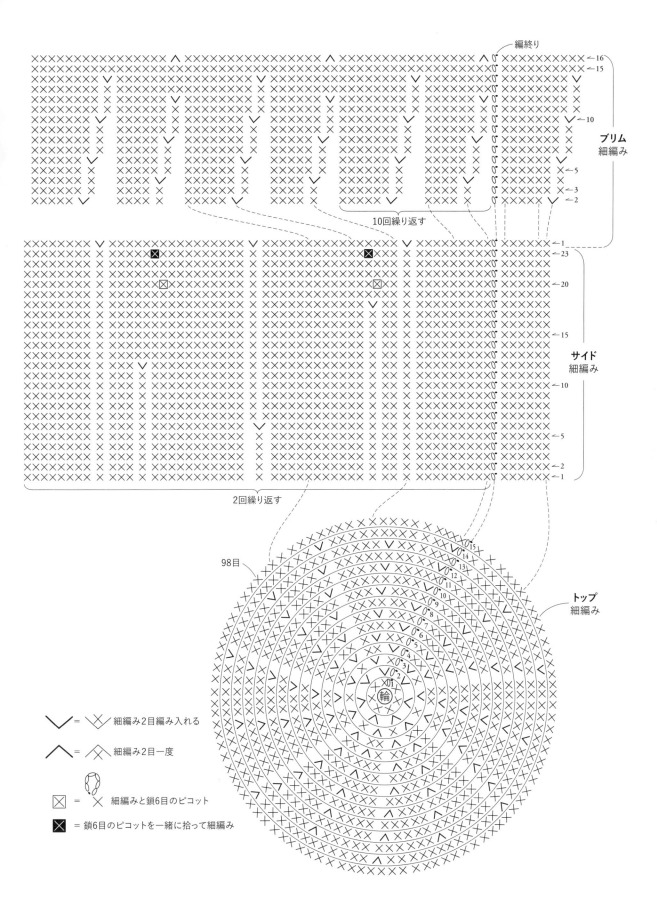

編終り

ブリム
細編み

←16
←15
←10
←5
←3
←2
←1

10回繰り返す

サイド
細編み

←23
←20
←15
←10
←5
←2
←1

2回繰り返す

98目

トップ
細編み

15
14
13
12
11
10
9
8
7
6
5
4
3
2
1

輪

∨ = 細編み2目編み入れる

∧ = 細編み2目一度

⊠ = 細編みと鎖6目のピコット

■ = 鎖6目のピコットを一緒に拾って細編み

C >> Photo : p.6

交差模様の2wayトートバッグ

[糸] ハマナカ エコアンダリヤ（40g玉巻き）
　　レトロイエロー（69）245g
[針] 5/0号かぎ針
[ゲージ] 模様編み
　　　　5模様が10cm、2模様（4段）が3.5cm
[サイズ] 幅38cm　深さ32cm

[編み方]
糸は1本どりで編みます。
底は鎖34目で作り目し、模様編みで輪に増しながら編みます。続けて側面を模様編みで増減なく編みます。入れ口は畝編みを輪で往復に編みます。ひもを編み、指定の位置に通し、編始めと編終りを巻きかがりします。

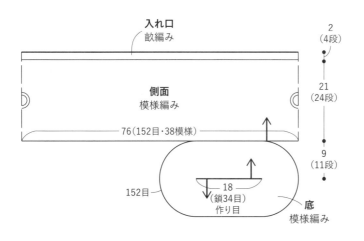

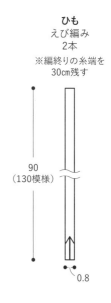

ひも
えび編み
2本
※編終りの糸端を
30cm残す

90
（130模様）

0.8

仕上げ方

ひも通し位置に通してから
編始めと編終りを
残した糸で巻きかがり

6模様　7模様　6模様

32

38

底の目数と増し方

段数	目数	増し方
11	152目	増減なし
10	152目	16目増す
9	136目	増減なし
8	136目	16目増す
7	120目	増減なし
6	120目	16目増す
5	104目	増減なし
4	104目	8目増す
3	96目	増減なし
2	96目	24目増す
1	鎖の両側から72目拾う	

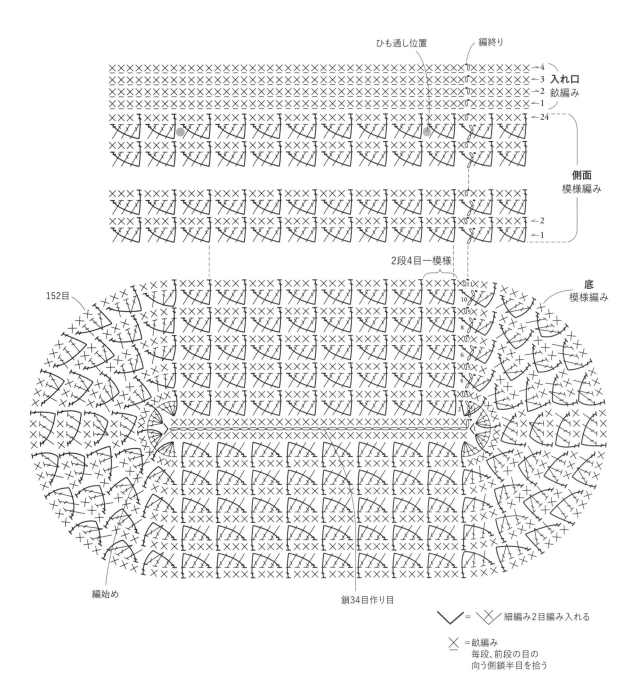

ひも通し位置　　編終り

← 4
← 3　入れ口
← 2　畝編み
← 1

← 24

側面
模様編み

← 2
← 1

2段4目一模様

152目

01

10

09

8

07

6

05

4

03

2

1

底
模様編み

編始め

鎖34目作り目

$\vee$ = $\vee$ 細編み2目編み入れる

$\times$ = 畝編み
毎段、前段の目の
向う側鎖半目を拾う

← 3
← 2
← 1

の編み方

1. 2段め。前段の目を1目飛ばして、長編みを3目編みます。テープを広げて針にかけ、飛ばした目に入れて長編みを編みます。3目と1目の長編み交差。

2. 3段め。前段の**1**で針を入れた目と同じ目に、長編みを編みます。この時もテープを広げて編みます。

3. 続けて、前段の長編み交差の頭3目に細編みを編みます。

ヘキサゴンバッグ

[糸] ハマナカ エコアンダリヤ（40g玉巻き）
　　　ベージュ（23）180g
　　　ハマナカ ウオッシュコットン（40g玉巻き）
　　　黒（13）45g
[針] 4/0号、6/0号、10/0号かぎ針
[ゲージ] 模様編み　16目17段が10cm四方
[サイズ] 入れ口幅45cm　深さ27cm

[編み方]

糸は底はエコアンダリヤ2本どりで、側面はエコアンダリヤ1本どりで、持ち手はウオッシュコットン1本どりで、指定の針の号数で編みます。
底は輪の作り目をし、細編みで増しながら編みます。続けて側面を模様編みで編みます。持ち手を鎖140目で作り目し、細編みで増減なく編みます。上下を突き合わせ、両端を残して巻きかがりします。持ち手を側面の裏側にとじつけます。ウオッシュコットンでタッセルを作り、持ち手につけます。

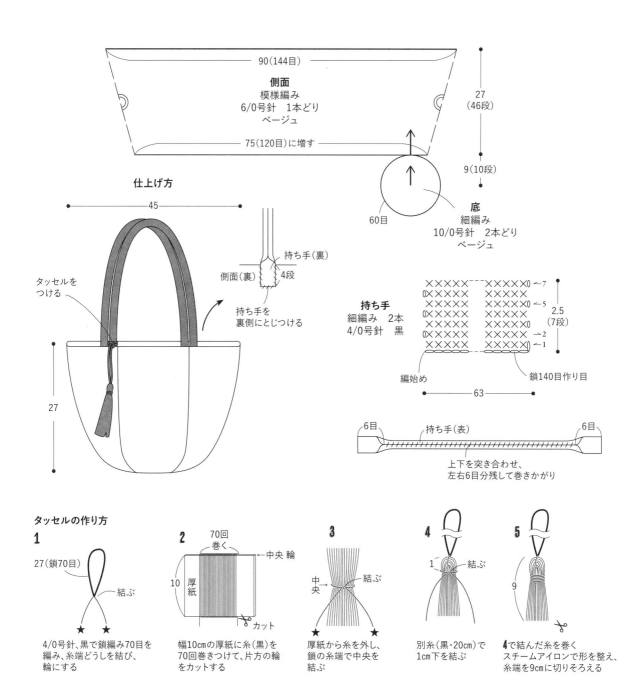

側面
模様編み
6/0号針　1本どり
ベージュ

90（144目）

27（46段）

75（120目）に増す

9（10段）

60目

底
細編み
10/0号針　2本どり
ベージュ

仕上げ方

45

27

タッセルをつける

持ち手を裏側にとじつける

側面（裏）　持ち手（裏）　4段

持ち手
細編み　2本
4/0号針　黒

2.5（7段）

編始め　　鎖140目作り目

63

6目　持ち手（表）　6目

上下を突き合わせ、
左右6目分残して巻きかがり

タッセルの作り方

1
27（鎖70目）
結ぶ
★
4/0号針、黒で鎖編み70目を編み、糸端どうしを結び、輪にする

2
70回巻く
中央　輪
10　厚紙
カット
幅10cmの厚紙に糸（黒）を70回巻きつけて、片方の輪をカットする

3
中央→　結ぶ
★　　★
厚紙から糸を外し、鎖の糸端で中央を結ぶ

4
1　結ぶ
別糸（黒・20cm）で1cm下を結ぶ

5
9
4で結んだ糸を巻くスチームアイロンで形を整え、糸端を9cmに切りそろえる

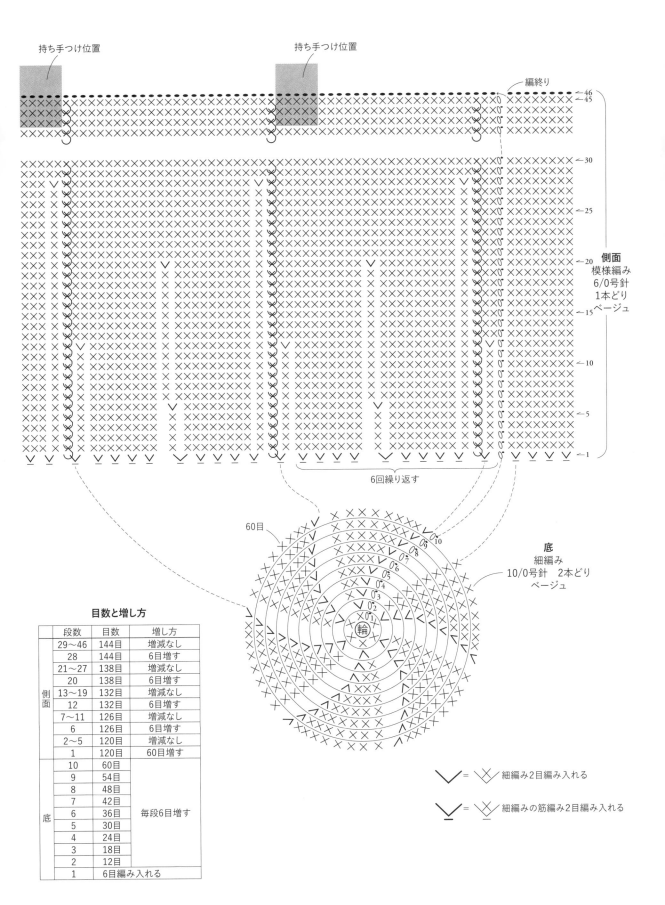

持ち手つけ位置　　　　　　　持ち手つけ位置

編終り

←46
←45

←30

←25

←20

側面
模様編み
6/0号針
1本どり
ベージュ

←15

←10

←5

←1

6回繰り返す

60目

底
細編み
10/0号針　2本どり
ベージュ

輪

目数と増し方

	段数	目数	増し方
側面	29〜46	144目	増減なし
	28	144目	6目増す
	21〜27	138目	増減なし
	20	138目	6目増す
	13〜19	132目	増減なし
	12	132目	6目増す
	7〜11	126目	増減なし
	6	126目	6目増す
	2〜5	120目	増減なし
	1	120目	60目増す
底	10	60目	毎段6目増す
	9	54目	
	8	48目	
	7	42目	
	6	36目	
	5	30目	
	4	24目	
	3	18目	
	2	12目	
	1	6目編み入れる	

∨ = 細編み2目編み入れる

∨ = 細編みの筋編み2目編み入れる

ネットバッグ

[糸] ハマナカ エコアンダリヤ《ミックスカラー》
  (40g玉巻き)
  ブルー系 (269) 70g
  ハマナカ エコアンダリヤ (40g玉巻き)
  ライムイエロー (19) 15g
[針] 6/0号かぎ針
[ゲージ] ネット編み　4模様9段が10cm四方
[サイズ] 図参照

[編み方]
糸は1本どりで、指定の配色で編みます。
底は鎖12目で作り目し、ネット編みで輪に編みます。続けて側面をネット編みで輪に編みますが26段めは往復に編みます。入れ口を畝編みで編みます。縁編みと持ち手を細編みで編みます。持ち手の内側を細編みで編みます。

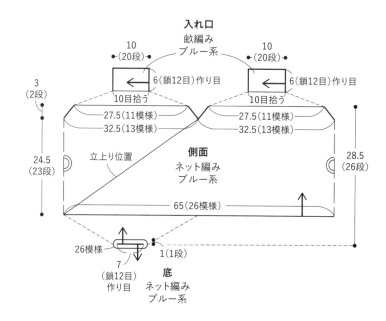

入れ口
畝編み
ブルー系

10
(20段)

6(鎖12目)作り目

10目拾う

3
(2段)

27.5(11模様)
32.5(13模様)

立上り位置

側面
ネット編み
ブルー系

24.5
(23段)

28.5
(26段)

65(26模様)

26模様

7
(鎖12目)
作り目

1(1段)

底
ネット編み
ブルー系

仕上げ方

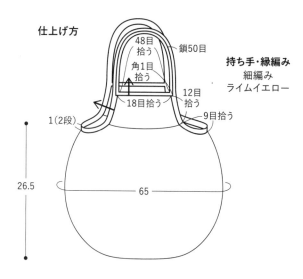

48目
拾う

鎖50目

角1目
拾う

持ち手・縁編み
細編み
ライムイエロー

18目拾う

12目
拾う

9目拾う

1(2段)

26.5

65

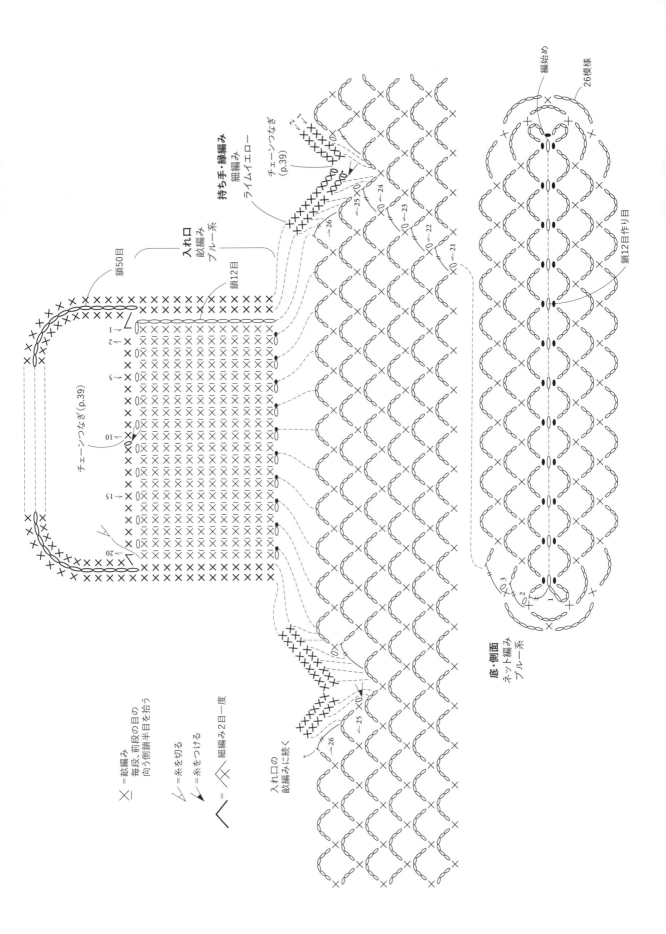

持ち手・縁編み
細編み
ライムイエロー

チェーンつなぎ
(p.39)

入れ口
畝編み
ブルー系

鎖50目

鎖12目

チェーンつなぎ(p.39)

＜＝畝編み
　毎段、前段の目の
　向う側鎖半目を拾う

＼＝糸を切る
＼＝糸をつける

∧＝⟨く 細編み2目一度

入れ口の
畝編みに続く

底・側面
ネット編み
ブルー系

編始め
26模様

鎖12目作り目

51

>> Photo : p.11

シグザグ模様のミニバッグ

[糸] ハマナカ エコアンダリヤ (40g玉巻き)
1：ライトブラウン (15) 90g
2：ネイビー (57) 55g、オフホワイト (168) 20g、
　　ライムイエロー (19) 15g
3：からし (139) 90g
4：ライトブラウン (15) 55g、オフホワイト (168) 20g、
　　グリーン (17) 15g
[針] 6/0号かぎ針
[ゲージ] 細編み　20目が10cm、12段が6cm
　　　　模様編み　20目10.5段が10cm四方
[サイズ] 幅24cm　深さ15.5cm
[編み方]
糸は1本どりで編みます。2、4は、指定の配色で編みます。
底は輪の作り目をし、細編みで増しながら編みます。続けて側
面を模様編みで編みます。入れ口に引抜き編みを編み、続けて
鎖編みで作り目をして引き抜き、輪にします。持ち手を細編みで
編みます。持ち手を外表に二つ折りにして、引抜きはぎします。

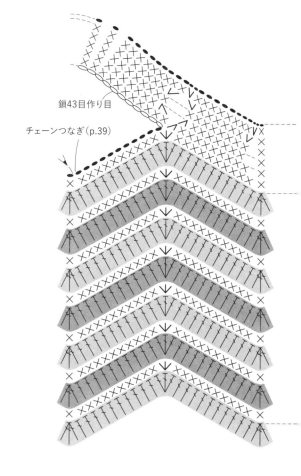

鎖43目作り目

チェーンつなぎ(p.39)

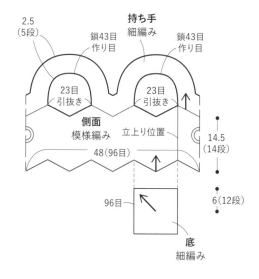

2.5
(5段)

鎖43目
作り目

持ち手
細編み

鎖43目
作り目

23目
引抜き

23目
引抜き

側面
模様編み

立上り位置

14.5
(14段)

48(96目)

96目

6(12段)

底
細編み

仕上げ方

持ち手を二つ折りにして
引抜きはぎ

15.5

24

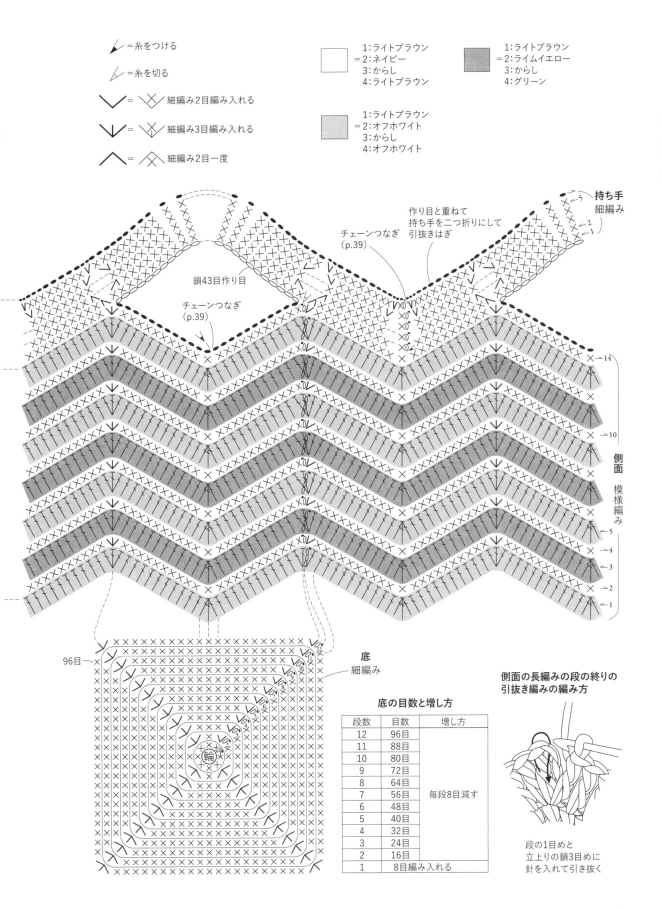

凡例

↘ =糸をつける

↗ =糸を切る

∨ = 細編み2目編み入れる

∨ = 細編み3目編み入れる

∧ = 細編み2目一度

□ = 1:ライトブラウン
2:ネイビー
3:からし
4:ライトブラウン

■ = 1:ライトブラウン
2:ライムイエロー
3:からし
4:グリーン

■ = 1:ライトブラウン
2:オフホワイト
3:からし
4:オフホワイト

持ち手
細編み

作り目と重ねて
持ち手を二つ折りにして
引抜きはぎ

チェーンつなぎ
(p.39)

鎖43目作り目

チェーンつなぎ
(p.39)

→14

→10

→5
→4
→3
→2
→1

側面 模様編み

96目

底
細編み

底の目数と増し方

段数	目数	増し方
12	96目	
11	88目	
10	80目	
9	72目	
8	64目	毎段8目減す
7	56目	
6	48目	
5	40目	
4	32目	
3	24目	
2	16目	
1	8目編み入れる	

**側面の長編みの段の終りの
引抜き編みの編み方**

段の1目めと
立上りの鎖3目めに
針を入れて引き抜く

透し模様のショルダーバッグ

[糸] ハマナカ エコアンダリヤ（40g玉巻き）
　　　ベージュ（23）105g
[針] 6/0号かぎ針
[ゲージ] 細編み　18目20段が10cm四方
　　　　　模様編み　18目12段が10cm四方
[サイズ] 底の直径15cm　深さ20.5cm
[編み方]
糸は1本どりで編みます。
底は輪の作り目をし、細編みで増しながら編
みます。続けて側面を細編みと模様編みで増
減なく、ひも通し位置を作りながら編みます。
ひもを編み、ひも通し位置に通して仕上げます。

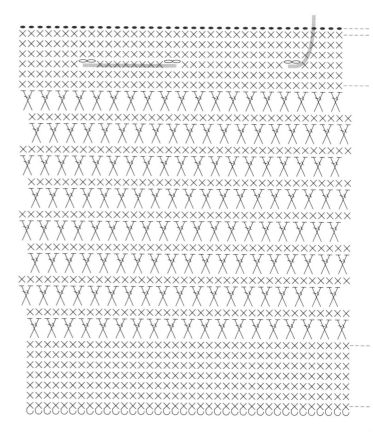

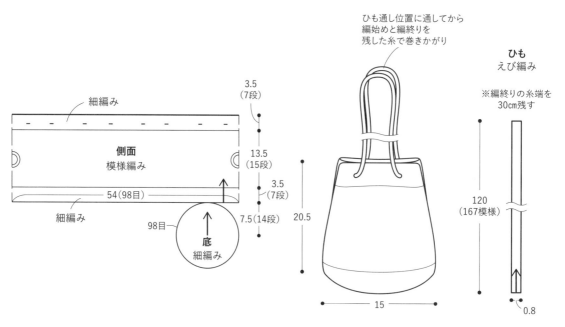

ひも通し位置に通してから
編始めと編終りを
残した糸で巻きかがり

ひも
えび編み

※編終りの糸端を
30cm残す

細編み

3.5
（7段）

側面
模様編み

13.5
（15段）

3.5
（7段）

54（98目）

7.5（14段）

20.5

細編み

98目

底
細編み

15

120
（167模様）

0.8

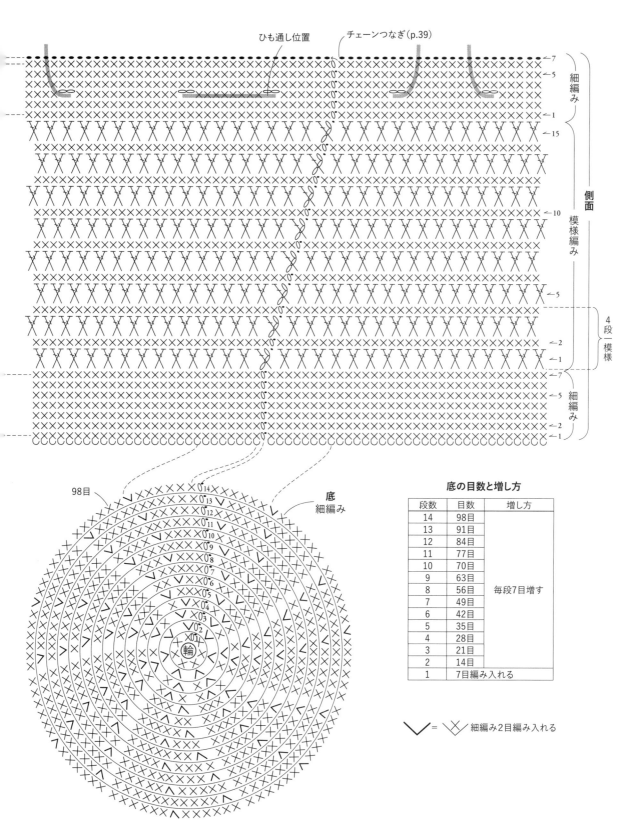

ひも通し位置　チェーンつなぎ(p.39)

側面
細編み
模様編み
4段一模様
細編み

98目
底
細編み

底の目数と増し方

段数	目数	増し方
14	98目	
13	91目	
12	84目	
11	77目	
10	70目	
9	63目	
8	56目	毎段7目増す
7	49目	
6	42目	
5	35目	
4	28目	
3	21目	
2	14目	
1	7目編み入れる	

= 細編み2目編み入れる

異素材ミックスのクローシュ

［糸］ハマナカ エコアンダリヤ（40g玉巻き）
　　　p.12：ベージュ（23）75g
　　　p.30：ベージュ（23）75g
　　　ハマナカ ウオッシュコットン（40g玉巻き）
　　　p.12：生成り（2）45g、紺（33）25g
　　　p.30：黒（13）70g
［針］5/0号かぎ針
［ゲージ］細編み（ウオッシュコットン）
　　　　20.5目26.5段が10cm四方
　　　　細編み（エコアンダリヤ）
　　　　20.5目が10cm、19段が8.5cm
［サイズ］頭回り58cm　深さ16.5cm

［編み方］
糸は1本どりで編みます。トップ・サイドはウオッシュコットン、ブリムはエコアンダリヤで編みます。p.12は指定の配色で編みます。
トップは輪の作り目をし、細編みで増しながら編みます。サイドは細編みで増しながら編みます。ブリムは引抜き編みをし、細編みで増しながら編みます。最終段に縁編みを編みます。

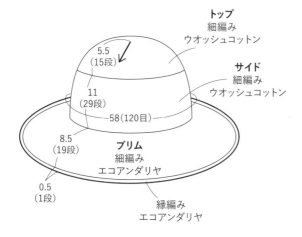

目数と増し方

	段数	目数	増し方
	1	69模様	増減なし
ブリム	19	207目	毎段9目増す
	18	198目	
	17	189目	増減なし
	16	189目	9目増す
	15	180目	増減なし
	14	180目	9目増す
	12、13	171目	増減なし
	11	171目	9目増す
	9、10	162目	増減なし
	8	162目	9目増す
	6、7	153目	増減なし
	5	153目	9目増す
	3、4	144目	増減なし
	2	144目	24目増す
	1	120目	増減なし
サイド	28、29	120目	増減なし
	27	120目	8目増す
	7～26	112目	増減なし
	6	112目	8目増す
	4、5	104目	増減なし
	3	104目	8目増す
	1、2	96目	増減なし
トップ	15	96目	毎段8目増す
	14	88目	
	13	80目	増減なし
	12	80目	毎段8目増す
	11	72目	
	10	64目	
	9	56目	増減なし
	8	56目	毎段8目増す
	7	48目	
	6	40目	
	5	32目	増減なし
	4	32目	毎段8目増す
	3	24目	
	2	16目	
	1	8目編み入れる	

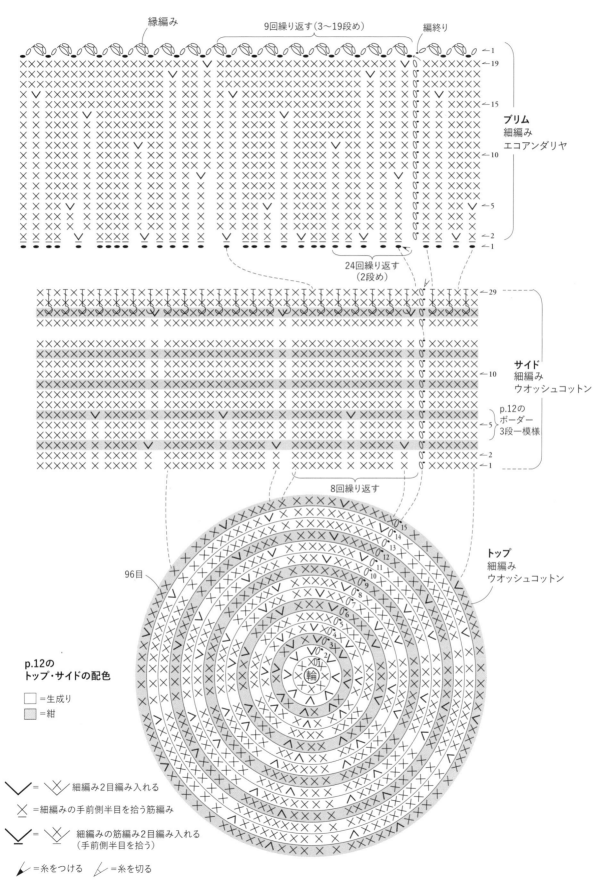

縁編み　　　9回繰り返す(3〜19段め)　　　編終り

←1
←19

←15

プリム
細編み
エコアンダリヤ

←10

←5

←2
←1

24回繰り返す
(2段め)

←29

サイド
細編み
ウオッシュコットン

←10

p.12の
ボーダー
3段一模様

←5

←2
←1

8回繰り返す

トップ
細編み
ウオッシュコットン

96目

15
14
13
12
11
10
9
8
7
6
5
4
3
2
1
輪

p.12の
トップ・サイドの配色

□ =生成り
▨ =紺

∨ = 細編み2目編み入れる

✕ =細編みの手前側半目を拾う筋編み

∨ = 細編みの筋編み2目編み入れる
（手前側半目を拾う）

✐ =糸をつける　　✎ =糸を切る

57

>> Photo : p.14

シェル模様のバッグ

[糸] ハマナカ エコアンダリヤ（40g玉巻き）
　　 サンドベージュ（169）250g
[針] 6/0号かぎ針
[その他] レザーだ円底（H204-618-2／こげ茶）1枚
[ゲージ] 模様編み　3.3模様10段が10cm四方
[サイズ] 入れ口幅35cm　深さ25cm

[編み方]
糸は1本どりで編みます。
側面①は鎖4目で作り目して輪にし、模様編みで往復に増しながら編みます。糸を休めておき、持ち手を編みます。同様に側面②を編みます。持ち手どうしを巻きかがりにし、①の休めておいた糸で縁編みを編みます。レザー底の穴に細編みを126目編み入れ、2段めは側面を重ねながら編みます。側面の重なった部分を縫いとめます。

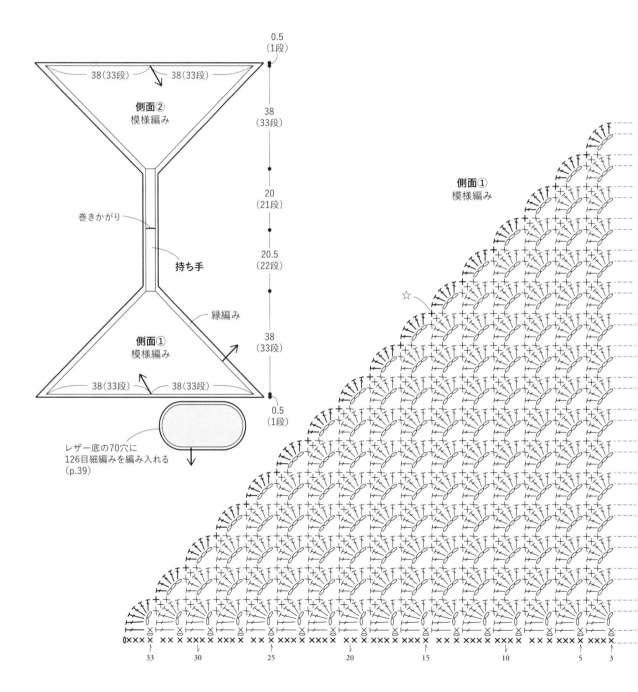

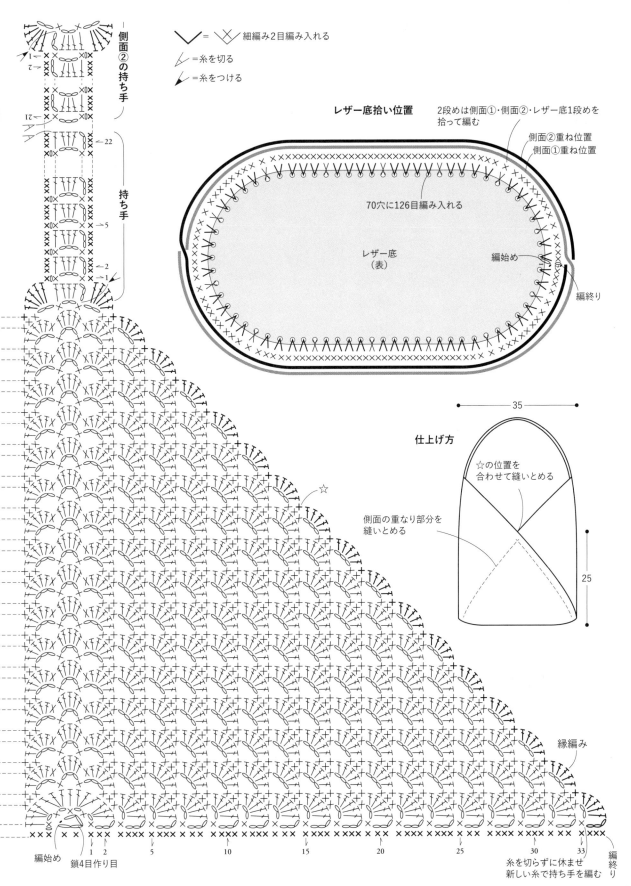

側面②の持ち手

側面②の持ち手

持ち手

∨ = 細編み2目編み入れる

= 糸を切る

= 糸をつける

レザー底拾い位置

2段めは側面①・側面②・レザー底1段めを拾って編む

側面②重ね位置
側面①重ね位置

70穴に126目編み入れる

レザー底（表）

編始め

編終り

仕上げ方

35

☆の位置を合わせて縫いとめる

側面の重なり部分を縫いとめる

25

縁編み

編始め

鎖4目作り目

1 2 5 10 15 20 25 30 33

糸を切らずに休ませ
新しい糸で持ち手を編む

編終り

立体模様のハンドバッグ

[糸] ハマナカ エコアンダリヤ（40g玉巻き）
　　　オリーブ（61）190g
[針] 6/0号かぎ針
[その他] マグネット付丸型ホック（14mm）
　　　　（H206-043-3／アンティーク）1組み
[ゲージ] 模様編みB　20目10段が10cm四方
[サイズ] 幅29.5cm　深さ17.5cm

[編み方]
糸は1本どりで編みます。
底は鎖36目で作り目し、模様編みAで編みます。底から目を拾い、側面を模様編みB、Cで増減なく編みます。反対側の側面も同様に編みます。まちは鎖17目で作り目し、模様編みB、Cで増減なく編みます。側面、底とまちを編みつなぎながら、縁編み・持ち手を細編みで編みます。ホック台は細編みで編み、ホックをつけ、側面の裏側にとじつけます。

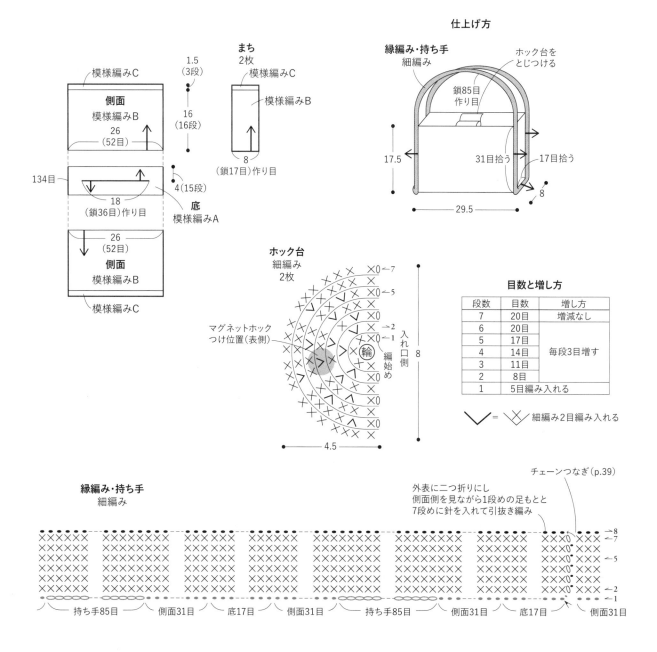

仕上げ方

縁編み・持ち手
細編み

ホック台をとじつける

鎖85目作り目

17.5　　29.5

31目拾う　　17目拾う　　8

まち
2枚
模様編みC
模様編みB
8
（鎖17目）作り目

模様編みC
側面
模様編みB　26（52目）
1.5（3段）
16（16段）
134目
18（鎖36目）作り目
4（15段）
底
模様編みA
26（52目）
側面
模様編みB
模様編みC

ホック台
細編み
2枚
←7
0
0
5
0
入れ口側
0
→2
→1
輪
編始め
マグネットホックつけ位置（表側）
8
4.5

目数と増し方

段数	目数	増し方
7	20目	増減なし
6	20目	
5	17目	毎段3目増す
4	14目	
3	11目	
2	8目	
1	5目編み入れる	

∨ = ⋎ 細編み2目編み入れる

縁編み・持ち手
細編み

チェーンつなぎ（p.39）

外表に二つ折りにし
側面側を見ながら1段めの足もとと
7段めに針を入れて引抜き編み

←8
←7
←5
←2
←1

持ち手85目　側面31目　底17目　側面31目　持ち手85目　側面31目　底17目　側面31目

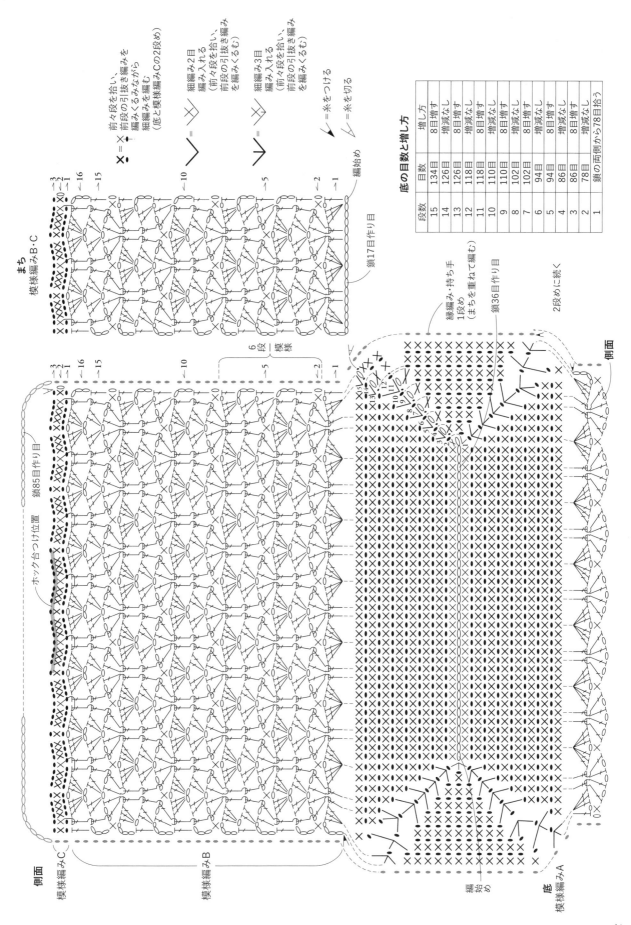

まち
模様編みB・C

X = X = 前々段を拾い、
前段の引抜き編みを
編みくるみながら
細編みを編む
(底と模様編みCの2段め)

V = 細編み2目
編み入れる
(前々段の引抜き編み
を編みくるむ)

V = 細編み3目
編み入れる
(前々段の引抜き編み
を編みくるむ)

= 糸をつける
= 糸を切る

編始め

鎖17目作り目

段数	目数	増し方
15	134目	8目増す
14	126目	増減なし
13	126目	8目増す
12	118目	増減なし
11	118目	8目増す
10	110目	増減なし
9	110目	8目増す
8	102目	増減なし
7	102目	8目増す
6	94目	増減なし
5	94目	8目増す
4	86目	増減なし
3	86目	8目増す
2	78目	増減なし
1	鎖の両側から78目拾う	

底の目数と増し方

6段一模様

縁編み・持ち手
1段め
(まちを重ねて編む)

鎖36目作り目

2段めに続く

側面

フック合つけ位置　鎖85目作り目

側面
模様編みC

模様編みB

編始め

底
模様編みA

61

サファリハット

[糸] ハマナカ エコアンダリヤ（40g玉巻き）
　　カーキ（59）95g
[針] 6/0号かぎ針
[ゲージ] 細編み　19.5目20.5段が10cm四方
[サイズ] 頭回り59cm　深さ16.5cm

[編み方]
糸は1本どりで編みます。
トップは輪の作り目をし、細編みで増しながら編みます。サイドは増減なく編みます。ブリムは増しながら編み、最終段に引抜き編みを編みます。トップをへこませ、スチームアイロンで形を整えます。

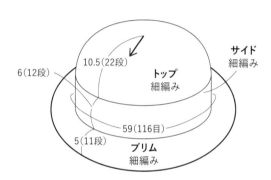

10.5（22段）　トップ　細編み
サイド　細編み
6（12段）
59（116目）
5（11段）
ブリム　細編み

仕上げ方

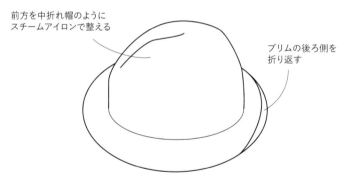

前方を中折れ帽のように
スチームアイロンで整える

プリムの後ろ側を
折り返す

上から見たところ

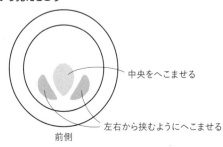

中央をへこませる
左右から挟むようにへこませる
前側

目数と増し方

	段数	目数	増し方
ブリム	11	180目	増減なし
	8～10	180目	増減なし
	7	180目	毎段10目増す
	6	170目	
	5	160目	増減なし
	4	160目	10目増す
	3	150目	5目増す
	2	145目	増減なし
	1	145目	29目増す
サイド	1～12	116目	増減なし
トップ	22	116目	4目増す
	21	112目	増減なし
	20	112目	8目増す
	19	104目	増減なし
	18	104目	8目増す
	16、17	96目	増減なし
	15	96目	毎段8目増す
	14	88目	
	13	80目	増減なし
	12	80目	毎段8目増す
	11	72目	
	10	64目	
	9	56目	増減なし
	8	56目	毎段8目増す
	7	48目	
	6	40目	
	5	32目	増減なし
	4	32目	毎段8目増す
	3	24目	
	2	16目	
	1	8目編み入れる	

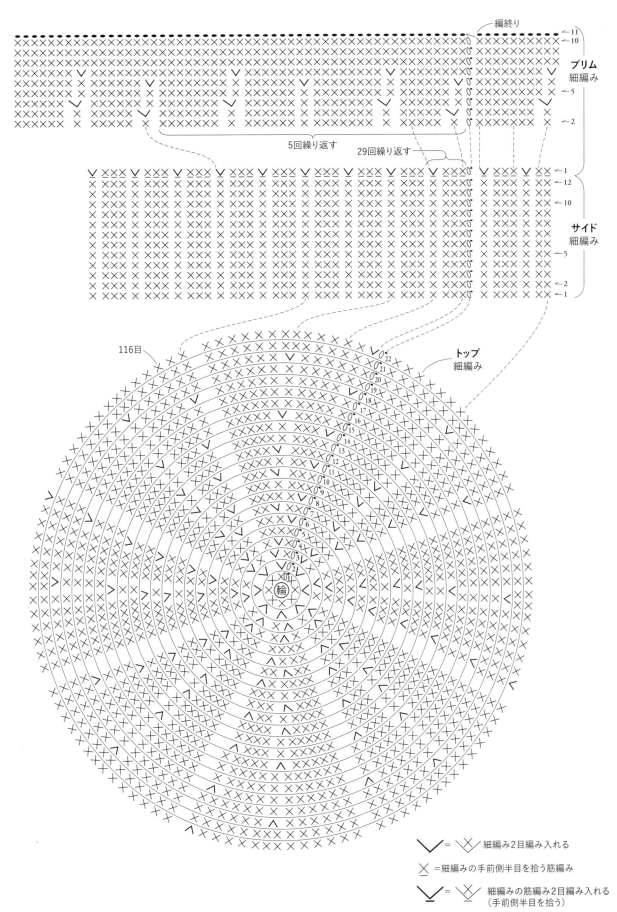

編終り

←11
←10

ブリム
細編み

←5

←2

5回繰り返す

29回繰り返す

←1
←12

←10

サイド
細編み

←5

←2
←1

116目

トップ
細編み

22
21
20
19
18
17
16
15
14
13
12
11
10
9
8
7
6
5
4
3
2
1

輪

∨ = 細編み2目編み入れる

✕ = 細編みの手前側半目を拾う筋編み

∨ = 細編みの筋編み2目編み入れる
（手前側半目を拾う）

ウェーブ柄ぺたんこバッグ

［糸］ハマナカ エコアンダリヤ（40g玉巻き）
　　　オフホワイト（168）80g、レトロブルー（66）65g、
　　　チャコールグレー（151）40g
［針］5/0号かぎ針
［ゲージ］模様編み　12目8段（1模様）が6cm四方
［サイズ］幅30cm　深さ33cm
［編み方］
糸は1本どりで、指定の配色で編みます。
側面は鎖120目で作り目し、模様編みで増減なく輪に編み、最
後に引抜き編みを編みます。脇の位置で折り、スチームアイロン
で形を整えます。底は外表にして巻きかがりにします。持ち手は
鎖120目を作り目して細編みで編み、側面の表側にとじつけます。

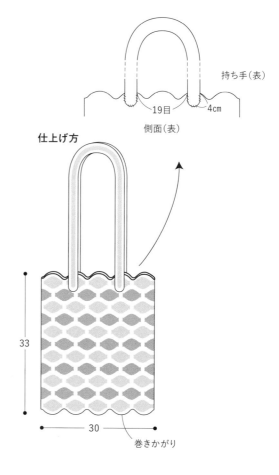

持ち手（表）

19目　　4cm

側面（表）

仕上げ方

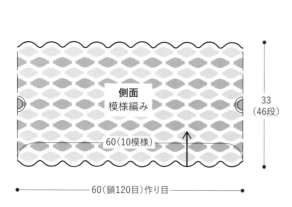

側面
模様編み

33
（46段）

60（10模様）

60（鎖120目）作り目

33

30

巻きかがり

持ち手
細編み
2本

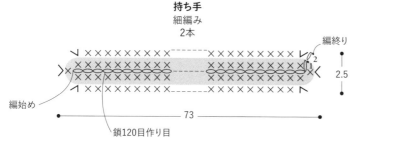

編終り

2.5

編始め

鎖120目作り目

73

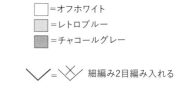

配色
　□ ＝オフホワイト
　□ ＝レトロブルー
　■ ＝チャコールグレー

∨＝ ＝細編み2目編み入れる

側面
模様編み

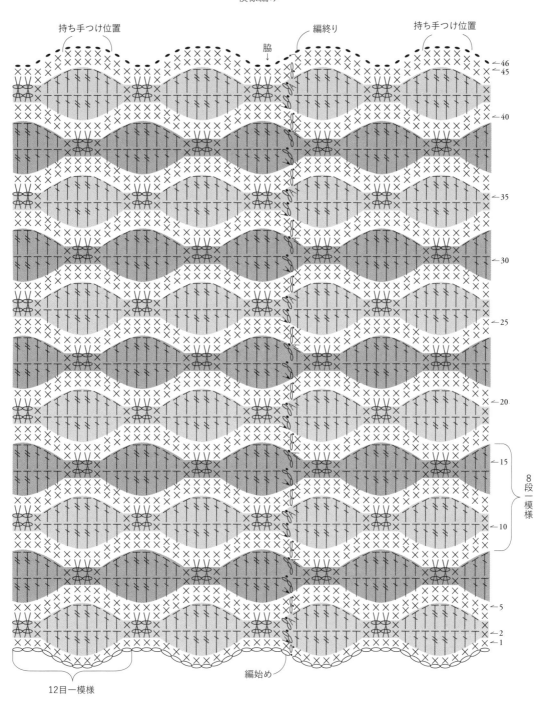

持ち手つけ位置　　　　　　　編終り　　　　持ち手つけ位置

脇

編始め

12目一模様

8段一模様

←46
←45

←40

←35

←30

←25

←20

←15

←10

←5

←2
←1

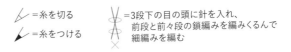

＝糸を切る

＝糸をつける

＝3段下の目の頭に針を入れ、
前段と前々段の鎖編みを編みくるんで
細編みを編む

筋編みのトートバッグ

[糸] ハマナカ エコアンダリヤ（40g玉巻き）
　　サンドベージュ（169）200g
[針] 6/0号かぎ針
[ゲージ] 細編みの筋編み
　　　　21.5目17段が10cm四方
[サイズ] 幅25cm　深さ27cm

[編み方]
糸は1本どりで編みます。
側面・底とまちはそれぞれ鎖編みで作り目し、細編みの筋編みで増減なく編みます。持ち手は鎖100目で作り目し、細編みの筋編みで編みます。側面・底とまちを外表に合わせて細編みでつなぎます。持ち手を指定位置にとじつけます。

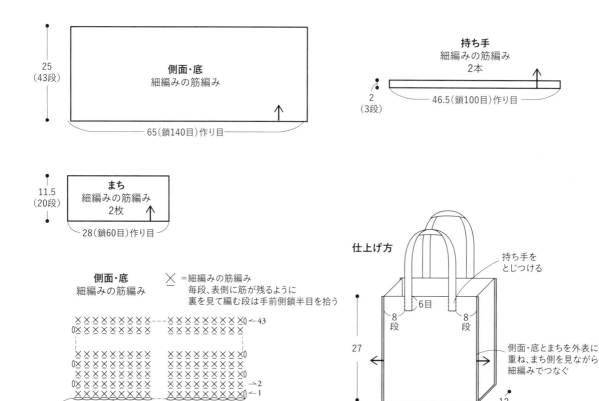

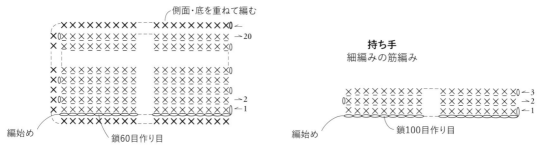

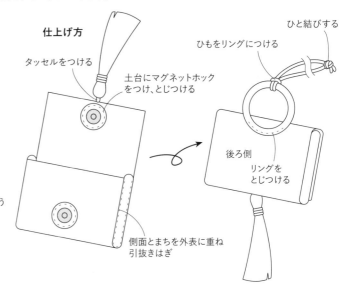

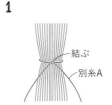

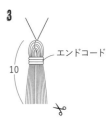

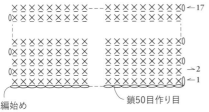

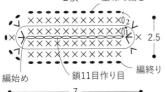

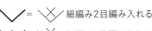

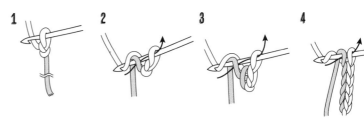

筋編みのマイクロバッグ

[糸] ハマナカ エコアンダリヤ（40g玉巻き）
サンドベージュ（169）30g
[針] 6/0号かぎ針
[その他] 手芸用プラスチックリング（48mm）
（H204-629-48）1個
マグネットつき丸型ホック（14mm）
（H206-043-2／黒メタ）1組み
エンドコード（1cm幅）1個
[ゲージ] 細編みの筋編み
21.5目17段が10cm四方
[サイズ] 幅10.5cm　深さ8cm

[編み方]
糸は1本どりで編みます。
側面・ふたは鎖50目で作り目し、細編みの筋編みで編みます。まちは鎖11目を作り目し、細編みで輪に編みます。側面とまちを外表に合わせて引抜きはぎします。リングに細編みを編みつけ、側面にとじつけます。輪の作り目で土台を編み、ホックをつけ、側面・ふたにとじつけます。タッセルを作りとじつけます。ひもを編み、リングにつけます。

仕上げ方

タッセルをつける

土台にマグネットホックをつけ、とじつける

側面とまちを外表に重ね
引抜きはぎ

ひと結びする

ひもをリングにつける

後ろ側
リングをとじつける

10.5
（17段）

側面・ふた
細編みの筋編み↑

25（鎖50目）
作り目

側面・ふた
細編みの筋編み
× =細編みの筋編み
　毎段、表側に筋が残るように
　裏を見て編む段は手前側鎖半目を拾う

←17
→2
→1
編始め
鎖50目作り目

まち
細編み
2枚
側面・ふたを
重ねて編む
編始め
鎖11目作り目
編終り
7
2.5

土台
細編み
2枚
2.5

∨ = 細編み2目編み入れる
∨ = 細編み3目編み入れる

リング
細編み
35目編みつける（p.39）

ひも
スレッドコード
130
（250目）

タッセルの作り方

1
結ぶ
別糸A
p.48-2を参照し、幅10cmの厚紙に糸を30回巻きつけて、片方の輪をカットし、厚紙から外して別糸A（20cm）で中央をしっかり結ぶ

2
結ぶ
別糸B
別糸B（20cm）で2cm下を結ぶ

3
エンドコード
10
結んだ位置にエンドコードをつけ、スチームアイロンで形を整え、糸端を10cmに切りそろえる

スレッドコード

1　**2**　**3**　**4**

糸端は必要寸法の3倍残し、鎖を1目編む。残した糸端を手前から向う側にかけ、もう一方の糸を針にかけて引き抜く。これを繰り返す

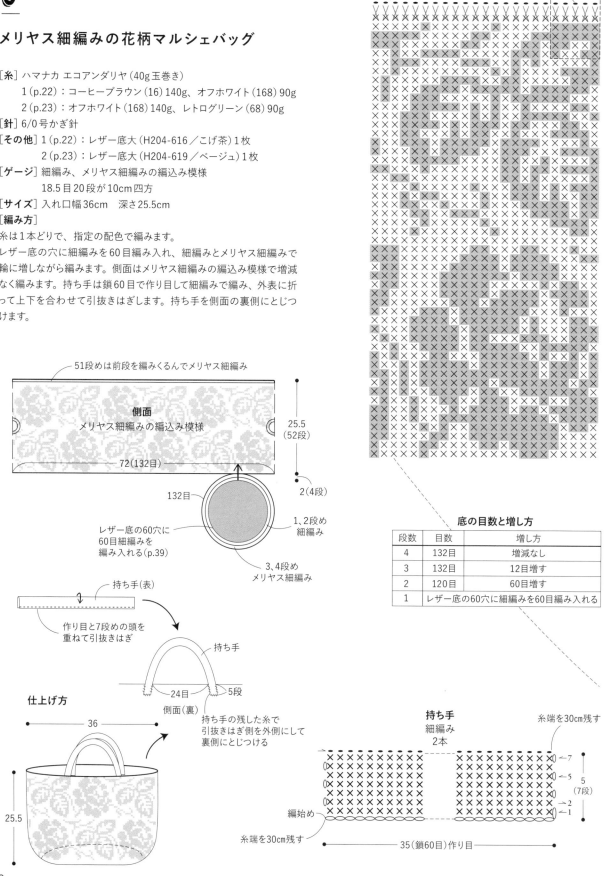

>> **Photo** : p.22,23

メリヤス細編みの花柄マルシェバッグ

[糸] ハマナカ エコアンダリヤ（40g玉巻き）
　　1（p.22）：コーヒーブラウン（16）140g、オフホワイト（168）90g
　　2（p.23）：オフホワイト（168）140g、レトログリーン（68）90g
[針] 6/0号かぎ針
[その他] 1（p.22）：レザー底大（H204-616／こげ茶）1枚
　　　　 2（p.23）：レザー底大（H204-619／ベージュ）1枚
[ゲージ] 細編み、メリヤス細編みの編込み模様
　　　　 18.5目20段が10cm四方
[サイズ] 入れ口幅36cm　深さ25.5cm
[編み方]
糸は1本どりで、指定の配色で編みます。
レザー底の穴に細編みを60目編み入れ、細編みとメリヤス細編みで
輪に増しながら編みます。側面はメリヤス細編みの編込み模様で増減
なく編みます。持ち手は鎖60目で作り目して細編みで編み、外表に折
って上下を合わせて引抜きはぎします。持ち手を側面の裏側にとじつ
けます。

脇　　　持ち手つけ位置

51段めは前段を編みくるんでメリヤス細編み

側面
メリヤス細編みの編込み模様

72（132目）

25.5
（52段）

2（4段）

132目

1、2段め
細編み

レザー底の60穴に
60目細編みを
編み入れる（p.39）

3、4段め
メリヤス細編み

底の目数と増し方

段数	目数	増し方
4	132目	増減なし
3	132目	12目増す
2	120目	60目増す
1	レザー底の60穴に細編みを60目編み入れる	

持ち手（表）

作り目と7段めの頭を
重ねて引抜きはぎ

持ち手

24目　　5段

側面（裏）
持ち手の残した糸で
引抜きはぎ側を外側にして
裏側にとじつける

仕上げ方

36

25.5

持ち手
細編み
2本

糸端を30cm残す

←7

←5

5
（7段）

→2
→1

編始め

糸端を30cm残す

35（鎖60目）作り目

68

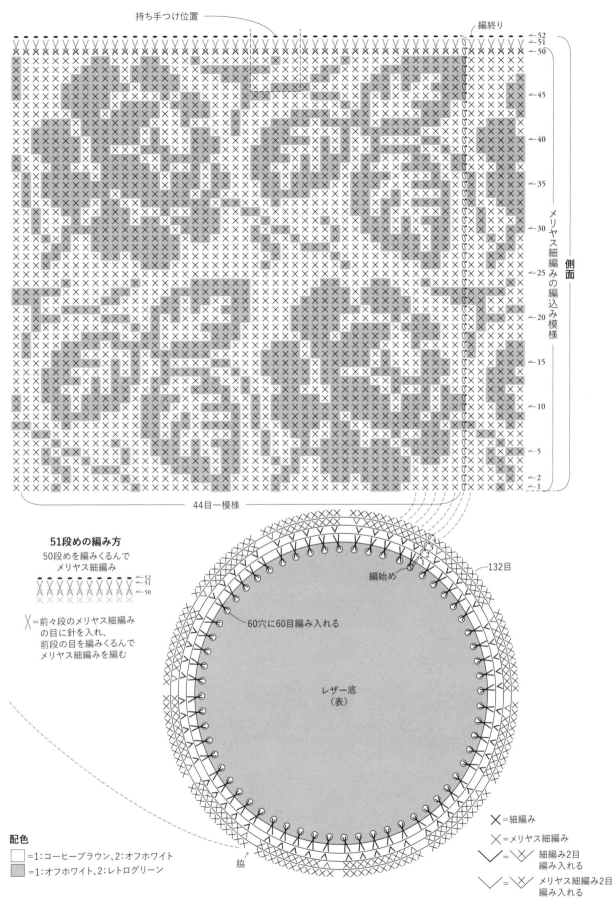

持ち手つけ位置

編終り

←52
←51
←50

←45

←40

←35

←30

←25

←20

←15

←10

←5

←2
←1

メリヤス細編みの編込み模様

側面

44目一模様

51段めの編み方

50段めを編みくるんで
メリヤス細編み

←52
←51
←50

╳=前々段のメリヤス細編み
の目に針を入れ、
前段の目を編みくるんで
メリヤス細編みを編む

132目

編始め

60穴に60目編み入れる

レザー底
（表）

脇

配色

□=1:コーヒーブラウン、2:オフホワイト

▨=1:オフホワイト、2:レトログリーン

╳=細編み

╳=メリヤス細編み

∨= 細編み2目
編み入れる

∨= メリヤス細編み2目
編み入れる

69

>> **Photo** : p.22

後ろリボンのクローシュ

[糸] ハマナカ エコアンダリヤ（40g玉巻き）
　　ベージュ（23）155g
[針] 5/0号かぎ針
[その他] テクノロート（H204-593）140cm
　　　　熱収縮チューブ（H204-605）5cm
[ゲージ] 細編み　18目19段が10cm四方
[サイズ] 頭回り55cm　深さ18.5cm

[編み方]
糸は1本どりで編みます。
トップは輪の作り目をし、細編みで増しながら編みます。サイドは後ろのタック部分を増しながら細編みで編み、続けて増減なく畝編みを輪で往復に編みます。ブリムは増しながら細編みで編み、続けて畝編みを輪で往復に編みます。11段めにはテクノロートを編みくるみます（p.38参照）。スチームアイロンで形を整え、タックをたたみ、重なり部分をとじつけます。リボン、リボン中央を編んでリボンを作り、後ろにとじつけます。

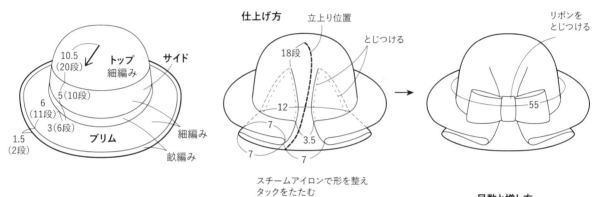

仕上げ方

立上り位置

とじつける

リボンをとじつける

スチームアイロンで形を整え
タックをたたむ

リボン
畝編み

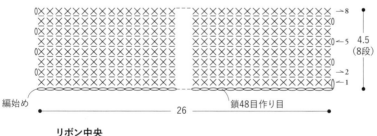

編始め　　　　　　　　　26　　　　鎖48目作り目

リボン中央
畝編み

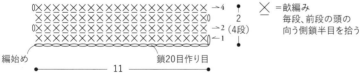

編始め　　　11　　　鎖20目作り目

╳ ＝畝編み
　　毎段、前段の頭の
　　向う側鎖半目を拾う

目数と増し方

	段数	目数	増し方
ブリム	11～13	252目	増減なし
	10	252目	18目増す
	9	234目	増減なし
	8	234目	18目増す
	7	216目	増減なし
	6	216目	18目増す
	5	198目	増減なし
	4	198目	18目増す
	2、3	180目	増減なし
	1	180目	36目増す
サイド	4～16	144目	増減なし
	3	144目	24目増す
	2	120目	増減なし
	1	120目	24目増す
トップ	20	96目	8目増す
	18、19	88目	増減なし
	17	88目	8目増す
	15、16	80目	増減なし
	14	80目	8目増す
	12、13	72目	増減なし
	11	72目	毎段8目増す
	10	64目	
	9	56目	
	8	48目	増減なし
	7	48目	毎段8目増す
	6	40目	
	5	32目	
	4	24目	増減なし
	3	24目	毎段8目増す
	2	16目	
	1	8目編み入れる	

リボンの作り方

1
巻きかがり
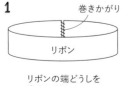
リボン
リボンの端どうしを
巻きかがり

2
リボン中央
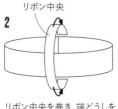
リボン中央を巻き、端どうしを
巻きかがり

3
├── 12 ──┤

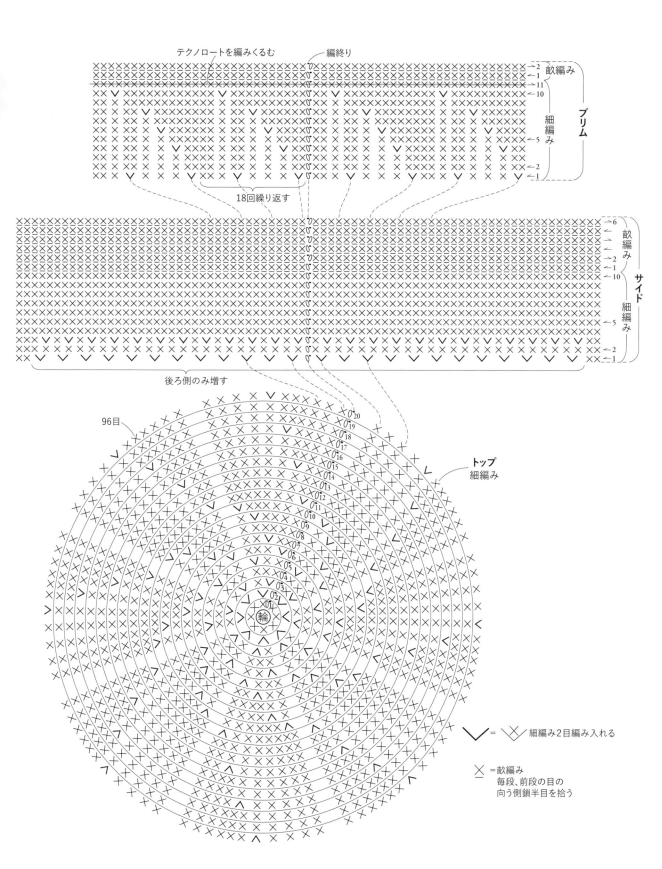

テクノロートを編みくるむ　　編終り

畝編み
細編み

ブリム

18回繰り返す

畝編み
細編み

サイド

後ろ側のみ増す

96目

トップ
細編み

⌄ = ⅩⅤⅩ 細編み2目編み入れる

Ⅹ = 畝編み
毎段、前段の目の
向う側鎖半目を拾う

>> Photo : p.24

四角底のトートバッグ

[糸] ハマナカ エコアンダリヤ(40g玉巻き)
　　　 ベージュ(23)230g
[針] 6/0号かぎ針
[ゲージ] 模様編み　19.5目13段が10cm四方
　　　　 細編み　18.5目18段が10cm四方
[サイズ] 幅30cm　深さ24.5cm

[編み方]
糸は1本どりで編みます。
側面、まちはそれぞれ鎖編みで作り目し、模様編みで増減なく編みます。底は鎖56目で作り目し、細編みで増減なく編みます。底とまちを外表に合わせて細編みでつなぎます。側面とまち、底を外表に合わせて細編みでつなぎます。入れ口・持ち手を細編みで編みます。持ち手を外表に二つ折りにして、引抜きはぎします。

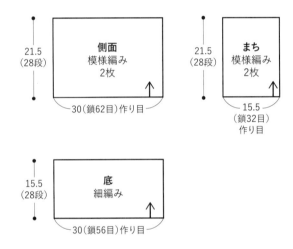

21.5
(28段)

側面
模様編み
2枚

30(鎖62目)作り目

21.5
(28段)

まち
模様編み
2枚

15.5
(鎖32目)
作り目

15.5
(28段)

底
細編み

30(鎖56目)作り目

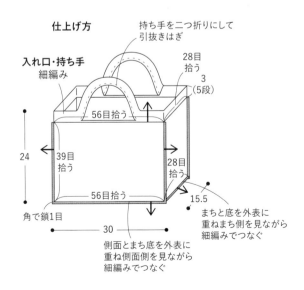

仕上げ方

持ち手を二つ折りにして
引抜きはぎ

入れ口・持ち手
細編み

28目
拾う

3
(5段)

56目拾う

39目
拾う

28目
拾う

24

56目拾う

15.5

角で鎖1目

30

まちと底を外表に
重ねまち側を見ながら
細編みでつなぐ

側面とまち底を外表に
重ね側面側を見ながら
細編みでつなぐ

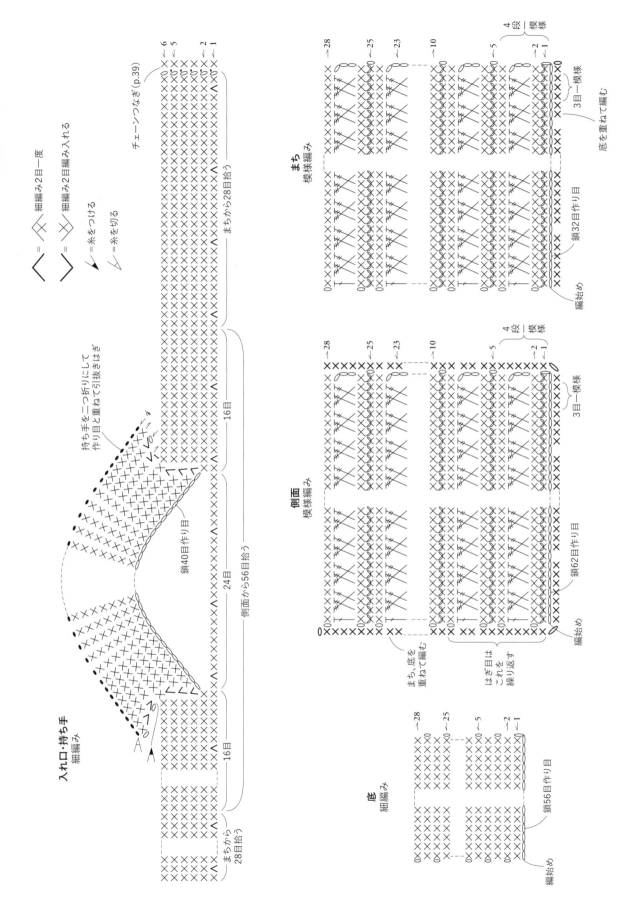

>> Photo : p.26

巾着型ショルダーバッグ

[糸] ハマナカ エコアンダリヤ（40g玉巻き）
　　グレイッシュピンク（54）130g
[針] 5/0号かぎ針
[ゲージ] 細編み　19目18段が10cm四方
　　　　 模様編み　1模様7cm、9段が10cm
[サイズ] 底の直径15cm　深さ19.5cm
[編み方]
糸は1本どりで編みます。
底は輪の作り目をし、細編みで増しながら編みます。
続けて側面は模様編みで増減なく編みます。肩ひも
を編み、側面裏側にとじつけます。ひもを鎖編みと
引き抜き編みで編み、ひも通し位置に通します。ひも
どめを細編みで編み、ひもを通して仕上げます。

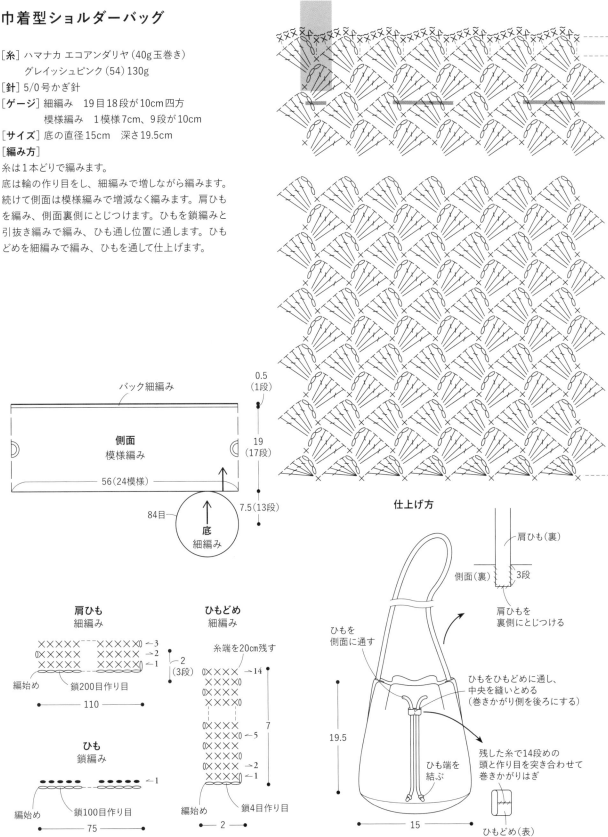

バック細編み

側面
模様編み

56（24模様）

底
細編み

84目

0.5
（1段）

19
（17段）

7.5（13段）

仕上げ方

肩ひも（裏）

側面（裏）　3段

肩ひもを
裏側にとじつける

ひもを
側面に通す

19.5

ひも端を
結ぶ

15

ひもをひもどめに通し、
中央を縫いとめる
（巻きかがり側を後ろにする）

残した糸で14段めの
頭と作り目を突き合わせて
巻きかがりはぎ

ひもどめ（表）

肩ひも
細編み

編始め　　鎖200目作り目

110

2
（3段）

ひも
鎖編み

編始め　　鎖100目作り目

75

ひもどめ
細編み

糸端を20cm残す

編始め　　鎖4目作り目

2

7

74

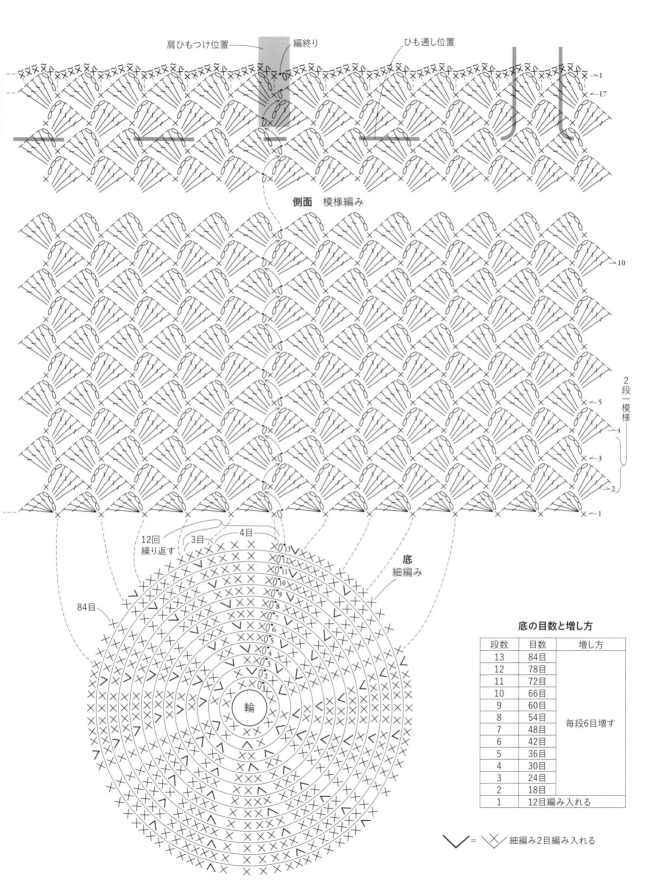

肩ひもつけ位置　編終り　ひも通し位置

側面　模様編み

2段一模様

12回
繰り返す

3目　4目

84目

底
細編み

底の目数と増し方

段数	目数	増し方
13	84目	
12	78目	
11	72目	
10	66目	
9	60目	
8	54目	毎段6目増す
7	48目	
6	42目	
5	36目	
4	30目	
3	24目	
2	18目	
1	12目編み入れる	

$\vee$ = 細編み2目編み入れる

半円形ミニボストンバッグ

[糸] ハマナカ エコアンダリヤ（40g玉巻き）
　　　チェリー（37）175g
[針] 6/0号かぎ針
[その他] ファスナー（30cm／赤）1本
[ゲージ] 模様編み　22目15段が10cm四方
　　　　　細編み　20目が10cm、16段が9cm
[サイズ] 幅26cm　深さ17cm

[編み方]

糸は1本どりで編みます。
まちを鎖88目で作り目し、細編みで増減なく編みますが、途中、鎖編み58目作り目してファスナー用の穴をあけます。ファスナーを返し縫いでつけます。側面・底は鎖40目で作り目し、模様編みを輪で往復に増しながら編みます。側面・底とまちを外表に合わせて細編みでつなぎます。持ち手は鎖70目で作り目して細編みで増減なく編み、上下を突き合わせ、両端を残して巻きかがりします。持ち手を側面・底にとじつけます。タッセルをファスナーの引き手に作ります。

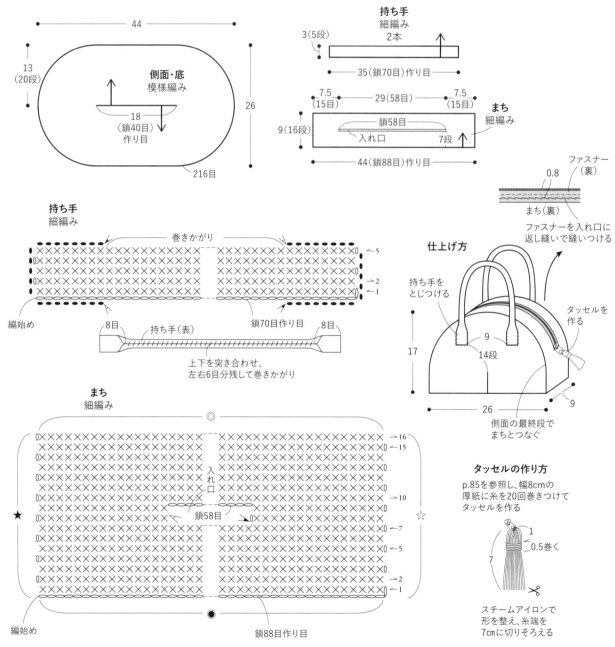

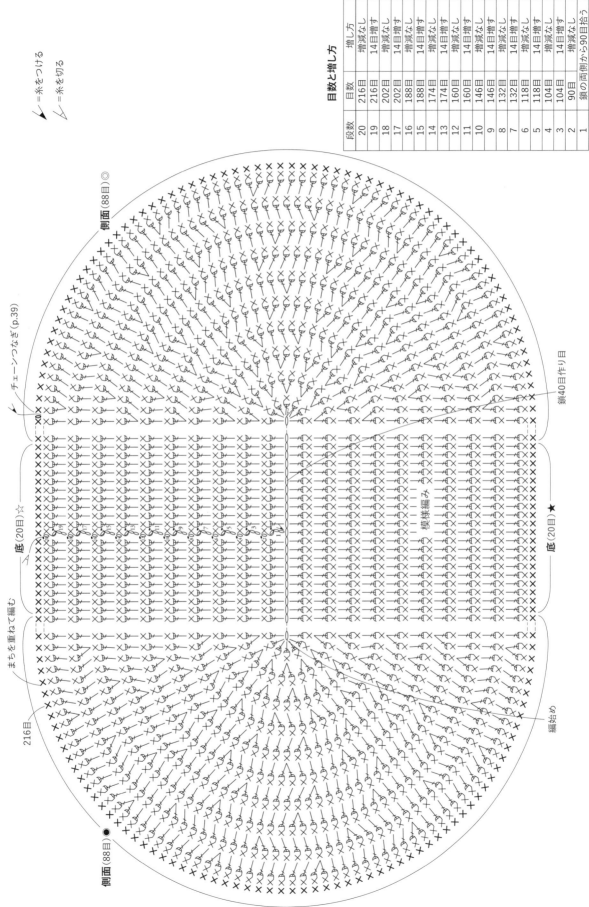

目数と増し方

段数	目数	増し方
20	216目	増減なし
19	216目	14目増す
18	202目	増減なし
17	202目	14目増す
16	188目	増減なし
15	188目	14目増す
14	174目	増減なし
13	174目	14目増す
12	160目	増減なし
11	160目	14目増す
10	146目	増減なし
9	146目	14目増す
8	132目	増減なし
7	132目	14目増す
6	118目	増減なし
5	118目	14目増す
4	104目	増減なし
3	104目	14目増す
2	90目	増減なし
1	90目	鎖の両側から90目拾う

＝糸をつける

＝糸を切る

側面（88目）◎

チェーンつなぎ（p.39）

鎖40目作り目

底（20目）☆

模様編み

底（20目）★

まちを重ねて編む

216目

側面（88目）●

編始め

77

スマホ&カードバッグ

>> Photo : p.28

[糸] ハマナカ エコアンダリヤ（40g玉巻き）
　　グリーン（17）60g
[針] 5/0号かぎ針
[その他] カシメ式マグネット付丸型ホック（14mm）
　　　　（H206-047-1／金）1組み
　　　　カラビナ（25mm）1個
　　　　スナップ（10mm）1組み
[ゲージ] 細編み　20目21段が10cm四方
　　　　模様編み　19目8.5段が10cm四方
[サイズ] スマホバッグ：幅11cm　深さ18.5cm
　　　　カードケース：幅10.5cm　深さ6.5cm

[編み方]
糸は1本どりで編みます。
スマホバッグは鎖20目で作り目し、模様編みで輪に編みます。最後に縁編みを編みます。タブとひもを編み、タブを側面表側、ひもを裏側にとじつけます。マグネットホックをつけます。
カードケースは鎖20目で作り目し、細編みを輪で往復に編みます。ふたの縁に縁編みを編みます。カラビナとスナップをつけます。

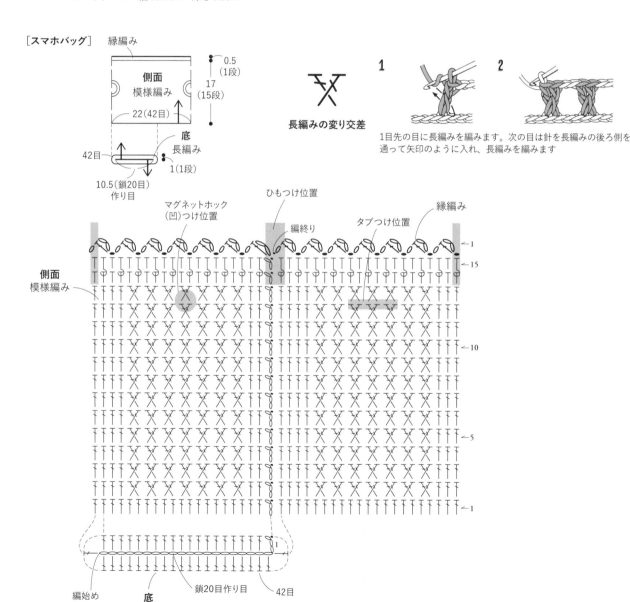

[スマホバッグ]

長編みの変り交差

1目先の目に長編みを編みます。次の目は針を長編みの後ろ側を通って矢印のように入れ、長編みを編みます

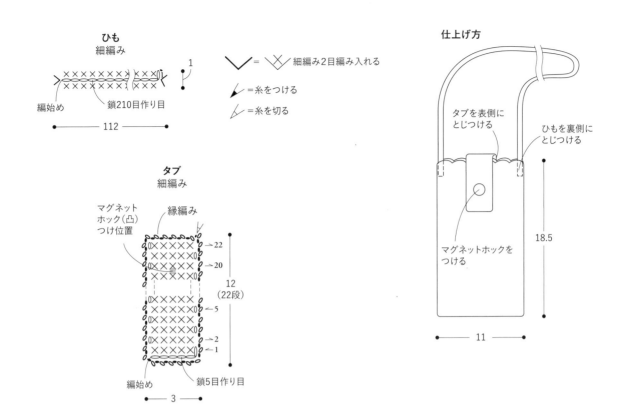

ひも
細編み

編始め　　鎖210目作り目

├──── 112 ────┤

∨ = ×× 細編み2目編み入れる
⟋ =糸をつける
⟋ =糸を切る

タブ
細編み

マグネット
ホック(凸)
つけ位置　　縁編み

←22
←20
←5
←2
←1

12
(22段)

編始め　　鎖5目作り目

├── 3 ──┤

仕上げ方

タブを表側に
とじつける

ひもを裏側に
とじつける

マグネットホックを
つける

18.5

├──── 11 ────┤

[カードケース]

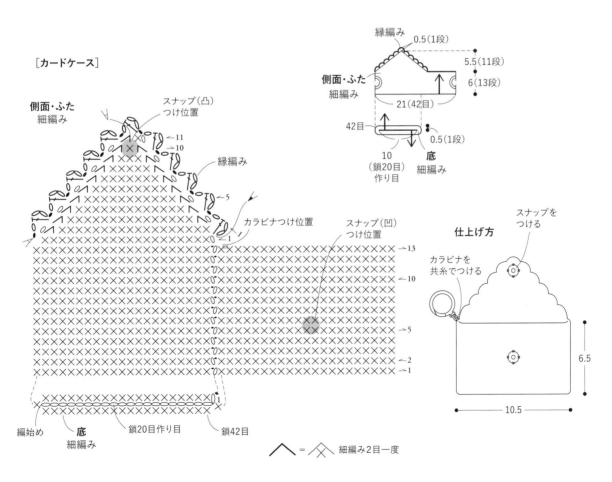

側面・ふた
細編み

スナップ(凸)
つけ位置

←11
←10
←5
←1
縁編み

カラビナつけ位置

スナップ(凹)
つけ位置

→13
→10
→5
→2
→1

編始め　底
細編み　　鎖20目作り目　　鎖42目

∧ = ×× 細編み2目一度

縁編み　0.5(1段)

側面・ふた
細編み

5.5(11段)
6(13段)

21(42目)

42目

10
(鎖20目)
作り目

底
細編み

0.5(1段)

仕上げ方

スナップを
つける

カラビナを
共糸でつける

6.5

├── 10.5 ──┤

ダイヤ柄レースのホーボーバッグ

[糸] ハマナカ エコアンダリヤ（40g玉巻き）
　　 ホワイト（1）210g
[針] 6/0号かぎ針
[ゲージ] 模様編み　18目9段が10cm四方
[サイズ] 幅42cm　深さ21cm
[編み方]
糸は1本どりで編みます。
モチーフは輪の作り目をし、模様編みで編みます。同じモチーフ
を3枚編み、3枚めは糸を切らずに休めます。折り山で折り、合
い印を外表に合わせて3枚めの休めた糸から続けて引抜きはぎ
をし、袋状にします。肩ひもは模様編みで往復して編み、糸を切
ります。もう一方の肩ひもも糸をつけて同様に編みます。肩ひも
を結びます。

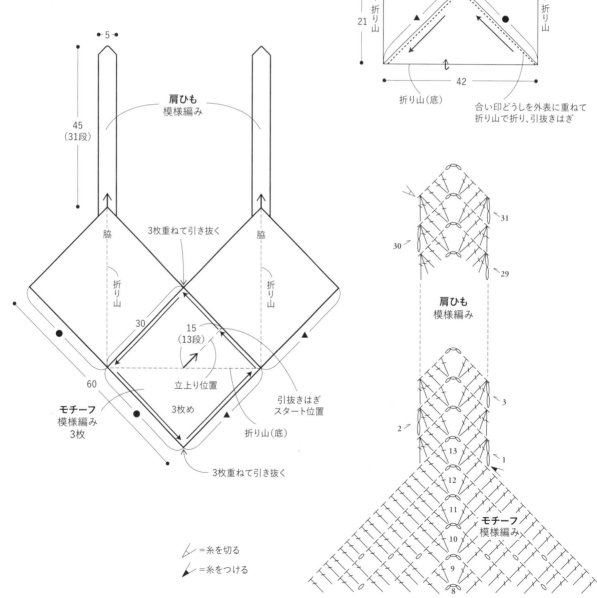

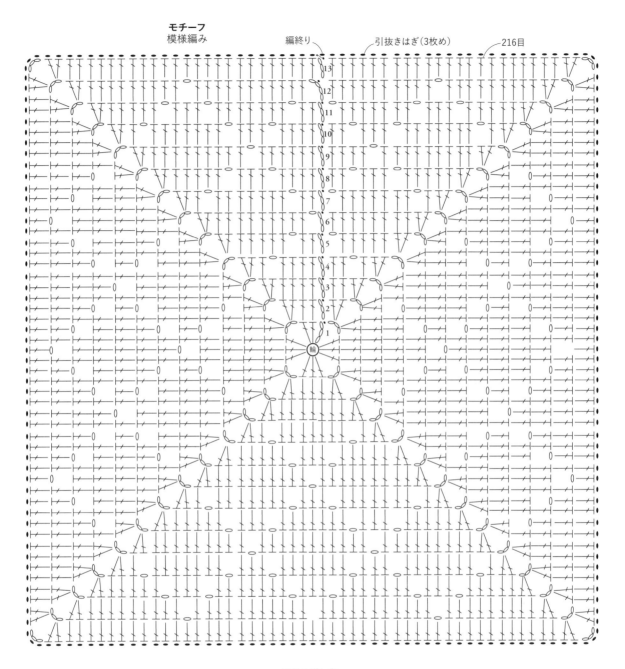

モチーフ
模様編み

編終り　引抜きはぎ(3枚め)　216目

目数と増し方

段数	目数	増し方
13	216目	
12	200目	
11	184目	
10	168目	
9	152目	
8	136目	
7	120目	毎段16目増す
6	104目	
5	88目	
4	72目	
3	56目	
2	40目	
1	24目	

>> **Photo** : p.30

ボーダーレースの半円バッグ

[糸] ハマナカ エコアンダリヤ（40g玉巻き）
　　　ベージュ（23）115g
[針] 7/0号かぎ針
[その他] チャームハンドル（直径約12.5cm）
　　　（H210-011／黒）1組み
[ゲージ] 模様編み　20目11.5段が10cm四方
[サイズ] 幅32cm　深さ24.5cm

[編み方]
糸は1本どりで編みます。
まちは鎖28目で作り目し、長編みで増しながら編みます。側面・底は鎖34目で作り目し、模様編みで輪に増しながら編みます。最終段の引抜き編みでまちを外表に合わせてつなぎます。ハンドルに細編みを編み、側面にとじつけます。

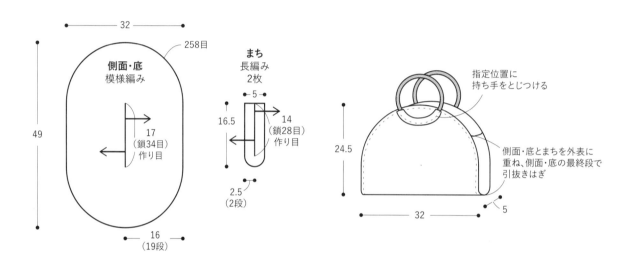

目数と増し方

段数	目数	増し方
19	258目	増減なし
18	258目	16目増す
17	242目	増減なし
16	242目	24目増す
15	109模様	増減なし
14	218目	14目増す
13	204目	増減なし
12	204目	28目増す
11	88模様	増減なし
10	176目	7目増す
9	169目	増減なし
8	169目	35目増す
7	67模様	増減なし
6	134目	
5	120目	毎段14目増す
4	106目	
3	46模様	増減なし
2	92目	14目増す
1	鎖の両側から78目拾う	

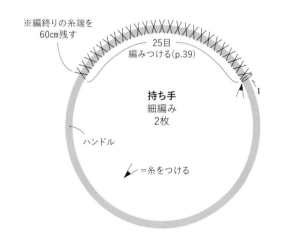

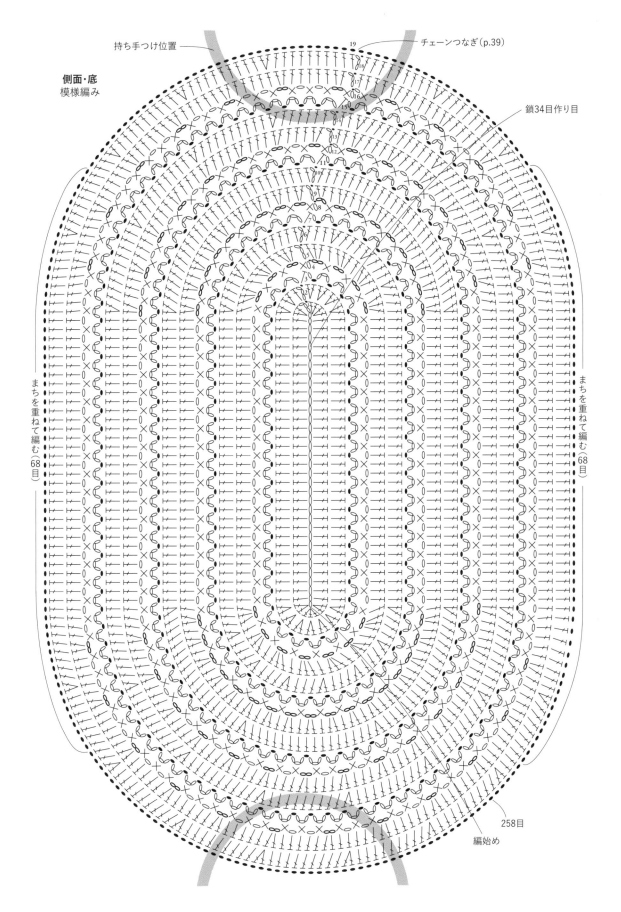

持ち手つけ位置

チェーンつなぎ(p.39)

側面・底
模様編み

鎖34目作り目

まちを重ねて編む(68目)

まちを重ねて編む(68目)

258目

編始め

ボーダーレースの半円ポーチ

[糸] ハマナカ エコアンダリヤ（40g玉巻き）
　　ベージュ（23）35g
[針] 7/0号かぎ針
[その他] ファスナー（25cm／黒）1本
[ゲージ] 模様編み　20目11.5段が10cm四方
[サイズ] 幅20cm　深さ14cm

[編み方]
糸は1本どりで編みます。
まちは鎖12目で作り目し、細編みで編みます。側面・底は鎖17目で作り目し、模様編みを輪で増しながら編みます。最終段の引抜き編みでまちを外表に合わせてつなぎます。ファスナーを返し縫いでつけます。ファスナーの引き手にタッセルを作ります。

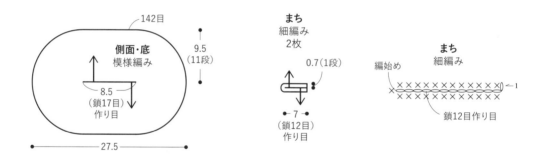

側面・底
模様編み
142目
9.5（11段）
8.5（鎖17目）作り目
27.5

まち
細編み
2枚
0.7（1段）
7（鎖12目）作り目

まち
細編み
編始め
鎖12目作り目
←1

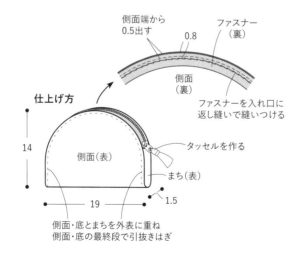

仕上げ方

側面端から0.5出す
0.8
ファスナー（裏）
側面（裏）
ファスナーを入れ口に返し縫いで縫いつける

14
側面（表）
タッセルを作る
まち（表）
19
1.5
側面・底とまちを外表に重ね
側面・底の最終段で引抜きはぎ

目数と増し方

段数	目数	増し方
11	142目	増減なし
10	142目	6目増す
9	136目	増減なし
8	136目	36目増す
7	50模様	増減なし
6	100目	
5	86目	毎段14目増す
4	72目	
3	29模様	増減なし
2	58目	14目増す
1	鎖の両側から44目拾う	

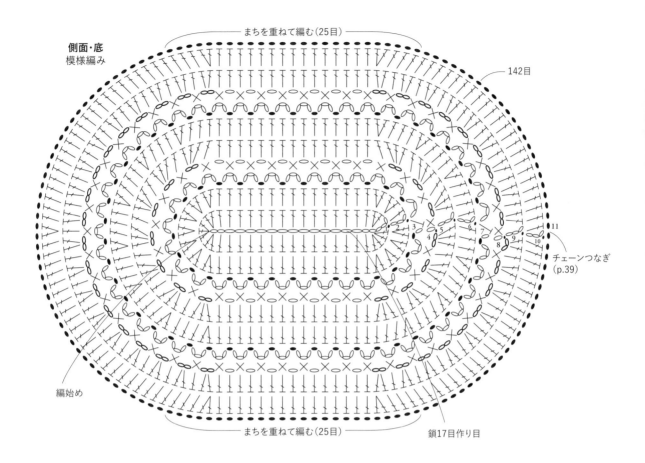

側面・底
模様編み

まちを重ねて編む(25目)

142目

編始め

チェーンつなぎ
(p.39)

まちを重ねて編む(25目)

鎖17目作り目

タッセルの作り方

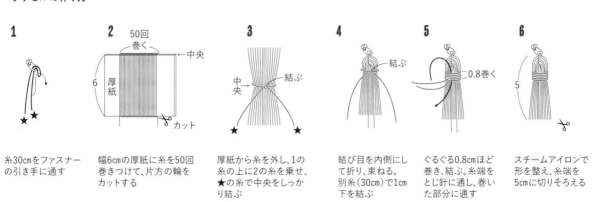

1
糸30cmをファスナー
の引き手に通す

2
50回
巻く
中央
6 厚紙
カット

幅6cmの厚紙に糸を50回
巻きつけて、片方の輪を
カットする

3
中央
結ぶ

厚紙から糸を外し、1の
糸の上に2の糸を乗せ、
★の糸で中央をしっか
り結ぶ

4
結ぶ

結び目を内側にし
て折り、束ねる。
別糸(30cm)で1cm
下を結ぶ

5
0.8巻く

ぐるぐる0.8cmほど
巻き、結ぶ。糸端を
とじ針に通し、巻い
た部分に通す

6
5

スチームアイロンで
形を整え、糸端を
5cmに切りそろえる

シンプルキャップ

[糸] ハマナカ エコアンダリヤ(40g玉巻き)
　　　ベージュ(23)90g
[針] 6/0号かぎ針
[その他] テクノロート(H204-593)60cm
　　　　熱収縮チューブ(H204-605)16cm
[ゲージ] 細編み　19目21段が10cm四方
[サイズ] 頭回り57cm　深さ17cm
[編み方]
糸は1本どりで編みます。
トップは輪の作り目をし、細編みで増しながら編みます。
サイドは増減なく編みます。ブリムは増しながら往復に
編みます。サイド・ブリムから目を拾い、テクノロートを
編みくるみながら縁編みを編みます。

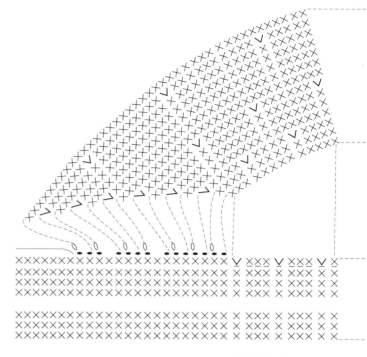

目数と増し方

	段数	目数	増し方
ブリム	14	104目	2目増す
	13	102目	12目増す
	12	90目	2目増す
	11	88目	4目増す
	10	84目	2目増す
	9	82目	4目増す
	8	78目	2目増す
	7	76目	12目増す
	6	64目	2目増す
	5	62目	4目増す
	4	58目	2目増す
	3	56目	12目増す
	2	44目	2目増す
	1	42目	図参照
サイド	16	118目	10目増す
	1〜15	108目	増減なし
トップ	20	108目	4目増す
	19	104目	増減なし
	18	104目	8目増す
	16、17	96目	増減なし
	15	96目	毎段8目増す
	14	88目	
	13	80目	増減なし
	12	80目	毎段8目増す
	11	72目	
	10	64目	
	9	56目	増減なし
	8	56目	
	7	48目	毎段8目増す
	6	40目	
	5	32目	増減なし
	4	32目	
	3	24目	毎段8目増す
	2	16目	
	1	8目編み入れる	

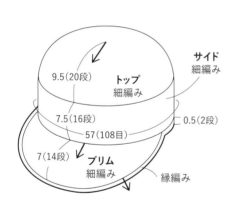

9.5(20段)　トップ　細編み
サイド　細編み
7.5(16段)
0.5(2段)
57(108目)
7(14段)　ブリム　細編み
縁編み

テクノロートを60cmにカットし、
端に熱収縮チューブを8cmつける。
反対の端はブリム部分を編んで
長さを調節してからチューブをつける

4　　4
テクノロート　　　熱収縮チューブ

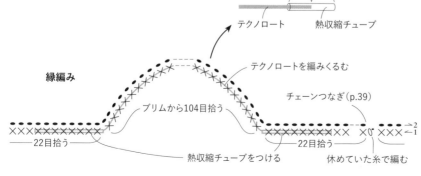

縁編み

テクノロートを編みくるむ
ブリムから104目拾う
チェーンつなぎ(p.39)
22目拾う
22目拾う
熱収縮チューブをつける
休めていた糸で編む

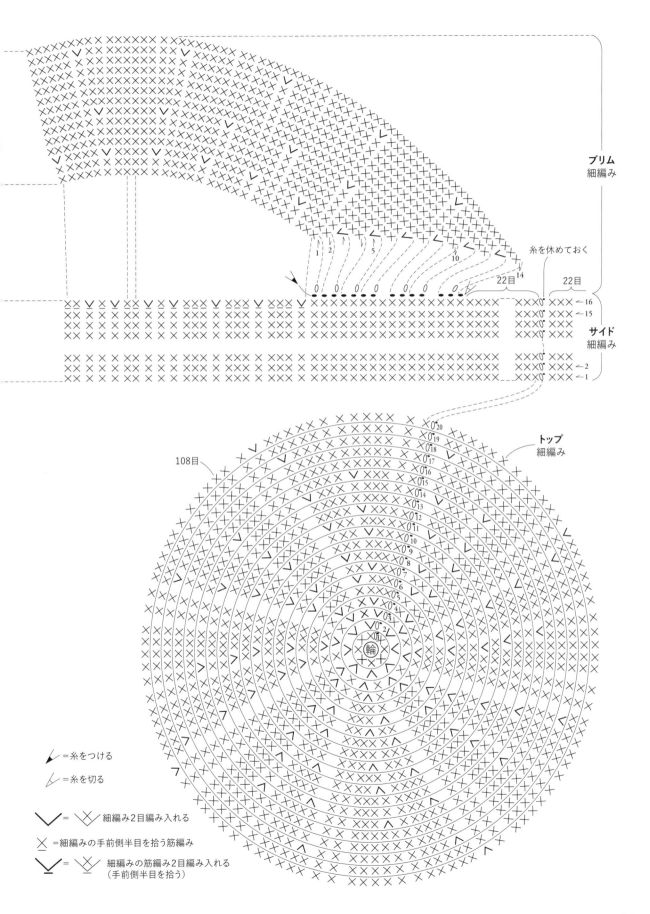

ブリム
細編み

糸を休めておく

22目 22目

サイド
細編み

トップ
細編み

108目

=糸をつける

=糸を切る

= 細編み2目編み入れる

=細編みの手前側半目を拾う筋編み

= 細編みの筋編み2目編み入れる
（手前側半目を拾う）

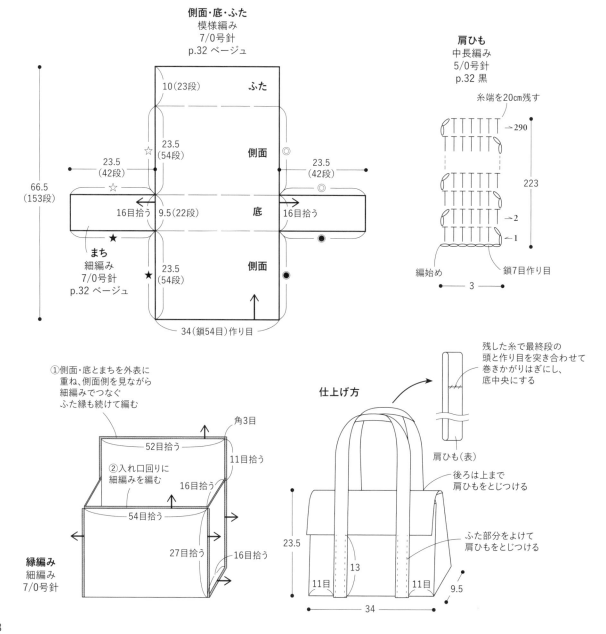

>> Photo : p.32,34

フラップつきトートバッグ

[糸] ハマナカ エコアンダリヤ（40g玉巻き）
p.32：ベージュ（23）280g、黒（30）60g
p.34：ブラウン（159）335g
[針] 7/0号、5/0号かぎ針
[ゲージ] 模様編み（7/0号針）
16目23段が10cm四方
細編み（7/0号針）
17目18段が10cm四方
中長編み（5/0号針）
23目13段が10cm四方
[サイズ] 幅34cm　深さ23.5cm　まち9.5cm

[編み方]
糸は1本どりで編みます。p.32は指定の配色で編みます。
側面は鎖54目で作り目し、模様編みで編みます。まちは底から目を拾い、細編みで編みます。反対側のまちも同様に編みます。側面とまちを細編みでつなぎます。入れ口回りに細編みを編みます。肩ひもは鎖7目で作り目をし、中長編みで増減なく編み、側面・底にとじつけます。

側面・底・ふた
模様編み
7/0号針
p.32 ベージュ

10（23段）　ふた

23.5（54段）　側面

23.5（42段）　☆　☆　23.5（42段）

66.5（153段）

16目拾う　9.5（22段）　底　16目拾う

まち
細編み
7/0号針
p.32 ベージュ

★　★

23.5（54段）　側面

34（鎖54目）作り目

肩ひも
中長編み
5/0号針
p.32 黒

糸端を20cm残す

→290

223

→2
←1

編始め　鎖7目作り目

3

①側面・底とまちを外表に重ね、側面側を見ながら細編みでつなぐ
ふた縁も続けて編む

角3目
52目拾う
11目拾う
②入れ口回りに細編みを編む
16目拾う
54目拾う
27目拾う
16目拾う

縁編み
細編み
7/0号針

仕上げ方

残した糸で最終段の頭と作り目を突き合わせて巻きかがりはぎにし、底中央にする

肩ひも（表）

後ろは上まで肩ひもをとじつける

ふた部分をよけて肩ひもをとじつける

23.5
13
11目　11目
34　9.5

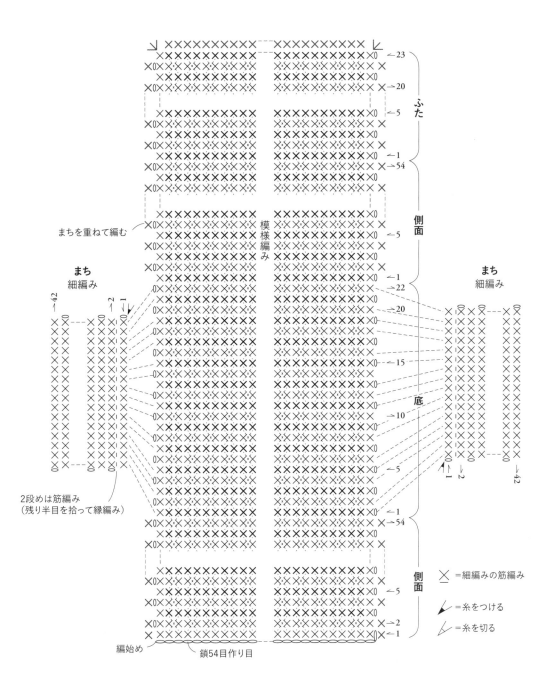

ふた

側面

模様編み

まちを重ねて編む

まち
細編み

まち
細編み

→42

→2
↓→1

2段めは筋編み
（残り半目を拾って縁編み）

→23

→20

→5

→1
→54

→5

→1
→22

→20

→15

→10

→5

→1
→54

→5

→2
→1

底

側面

$\times$ =細編みの筋編み

↙ =糸をつける

↗ =糸を切る

編始め　鎖54目作り目

✕✕ の編み方

1. 奇数段。1目めは鎖1目で立ち上がり、通常の細編みを編みます。次の目は1目飛ばして、前々段の目に針を入れて細編みを編みます。

2. 細編みが1目編めました。**1**で編み入れた前々段の目の1目手前の目に針を入れ、テープを広げて細編みを編みます。

3. 細編み交差が編めました。前段の細編みは編みくるまれています。

ショッパーバッグ

[糸] ハマナカ エコアンダリヤ（40g玉巻き）
　　カーキ（59）180g
[針] 6/0号かぎ針
[ゲージ] 模様編み
　　　　5模様（20目）12.5段が10cm四方
[サイズ] 幅28cm　深さ30.5cm

[編み方]
糸は1本どりで編みます。
側面・持ち手は鎖73で作り目し、細編みと模様編みで増減なく往復に編みます。
続けて、持ち手を模様編みで増減なく編み、もう片方の持ち手は指定の位置に
糸をつけて同様に編みます。同じものを2枚編みます。側面・持ち手2枚を中表
に合わせて細編みでつなぎます。持ち手と底を巻きかがりにします。持ち手と入
れ口部分に細編みを編みます。

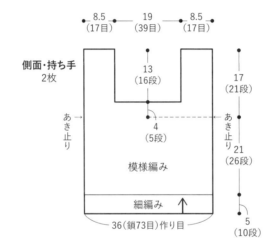

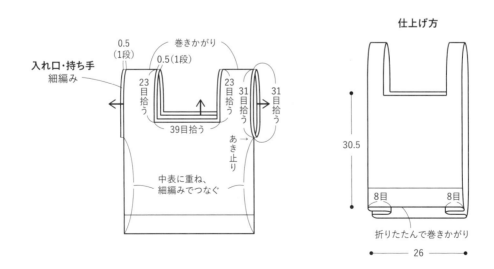

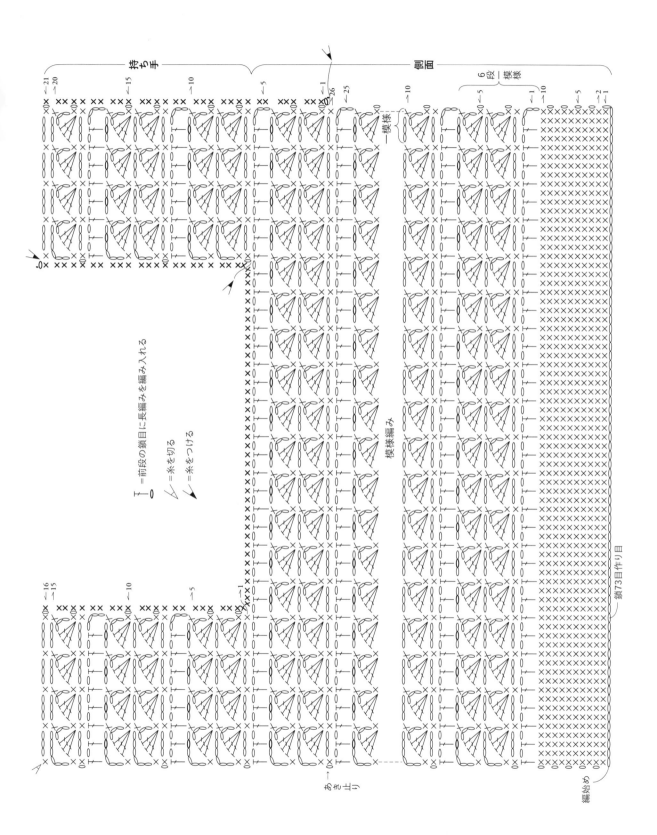

持ち手

側面

6段1模様

一模様

模様編み

鎖73目(作り)目

あき止り

編始め

TECHNIQUE かぎ針編みの基礎

[作り目]
鎖の作り目

1 左手にかけた編み糸に針を内側から入れて糸をねじります

2 人さし指にかかっている糸を針にかけて引き出します

3 針に糸ををかけて引き出します

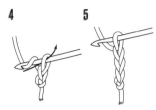

4 **5** 繰り返して必要目数編みます

鎖目からの拾い方

1 立上り鎖3目　作り目
鎖状になっているほうを下に向け、鎖半目と裏山に針を入れます

2 半目と裏山を拾う
作り目からの拾い目は鎖半目と裏山に針を入れます。作り目の反対側を拾うときは、残った鎖半目を拾います

2重の輪の作り目

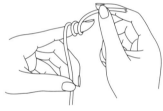

1 指に2回巻きます

2 糸端を手前にして、輪の中から糸を引き出します

3 1目編みます。この目は立上りの目の数に入れます

4

5 輪の中に針を入れて細編みを必要目数編みます

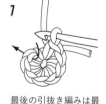

6 1段めを編み入れたら糸端を少し引っ張り小さくなったほうの輪を引いて、さらに糸端を引き、輪を引き締めます

7 最後の引抜き編みは最初の目の頭2本に針を入れて糸をかけて引き抜きます

8 1段めが編めたところ

鎖編みの輪の作り目

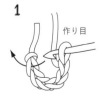

1 作り目
鎖編みを必要目数編み、1目めの鎖半目と裏山に針を入れます

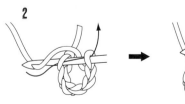

2 針に糸をかけて引き出します（最後の引抜き編み）

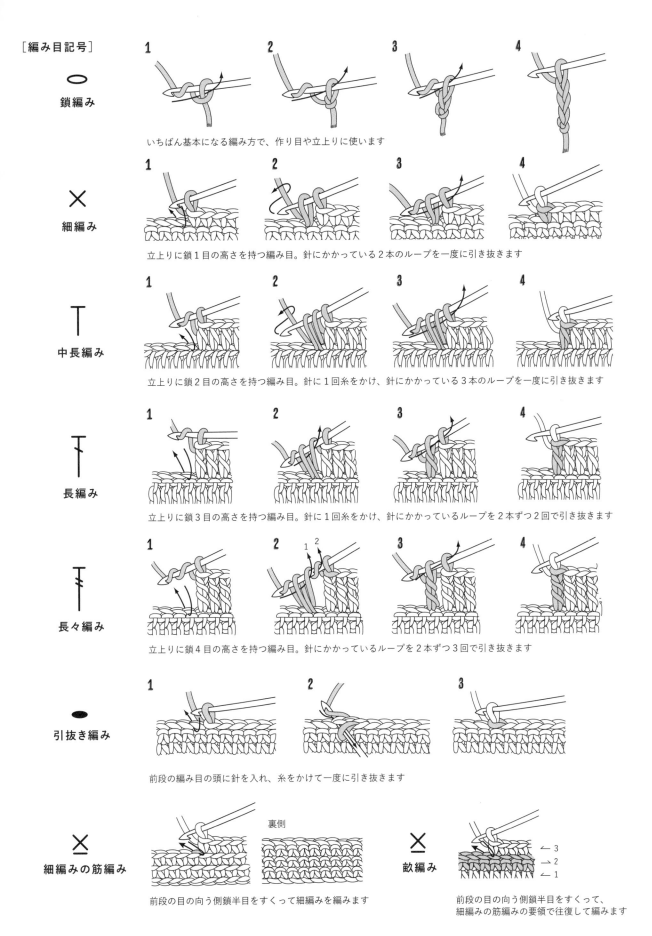

[編み目記号]

○ 鎖編み

いちばん基本になる編み方で、作り目や立上りに使います

× 細編み

立上りに鎖1目の高さを持つ編み目。針にかかっている2本のループを一度に引き抜きます

T 中長編み

立上りに鎖2目の高さを持つ編み目。針に1回糸をかけ、針にかかっている3本のループを一度に引き抜きます

T 長編み

立上りに鎖3目の高さを持つ編み目。針に1回糸をかけ、針にかかっているループを2本ずつ2回で引き抜きます

T 長々編み

立上りに鎖4目の高さを持つ編み目。針にかかっているループを2本ずつ3回で引き抜きます

● 引抜き編み

前段の編み目の頭に針を入れ、糸をかけて一度に引き抜きます

× 細編みの筋編み

前段の目の向う側鎖半目をすくって細編みを編みます

× 畝編み

前段の目の向う側鎖半目をすくって、細編みの筋編みの要領で往復して編みます

93

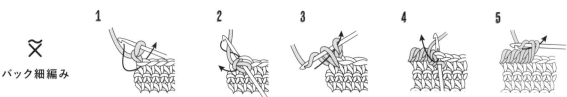

バック細編み

編終りの1目手前の細編みに針を入れ、細編みを編みます。前段を戻りながら細編みを編みます

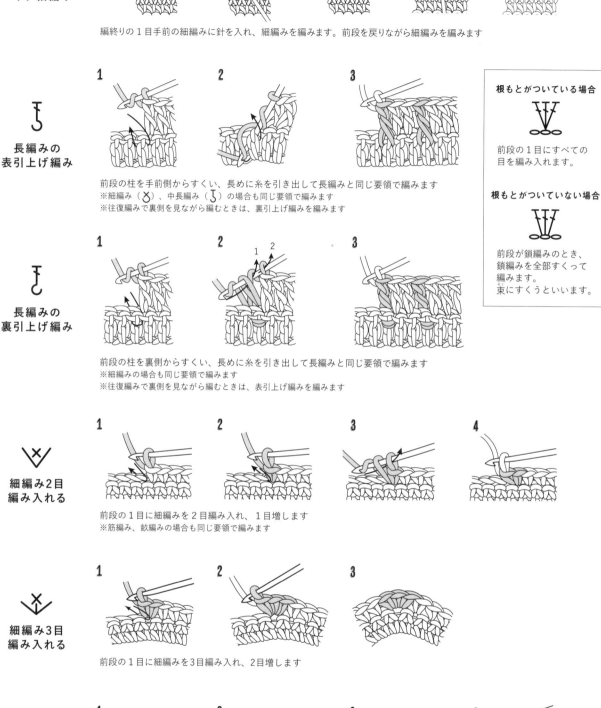

長編みの表引上げ編み

前段の柱を手前側からすくい、長めに糸を引き出して長編みと同じ要領で編みます
※細編み（☒）、中長編み（☒）の場合も同じ要領で編みます
※往復編みで裏側を見ながら編むときは、裏引上げ編みを編みます

長編みの裏引上げ編み

前段の柱を裏側からすくい、長めに糸を引き出して長編みと同じ要領で編みます
※細編みの場合も同じ要領で編みます
※往復編みで裏側を見ながら編むときは、表引上げ編みを編みます

根もとがついている場合

前段の1目にすべての目を編み入れます。

根もとがついていない場合

前段が鎖編みのとき、鎖編みを全部すくって編みます。
束にすくうといいます。

細編み2目編み入れる

前段の1目に細編みを2目編み入れ、1目増します
※筋編み、畝編みの場合も同じ要領で編みます

細編み3目編み入れる

前段の1目に細編みを3目編み入れ、2目増します

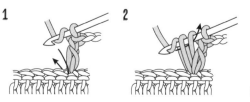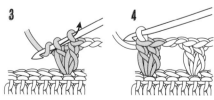

長編み2目編み入れる

前段の1目に長編み2目を編み入れ、1目増します
※引上げ編みの場合や、目数が異なる場合も同じ要領で編みます

細編み2目一度

糸を引き出しただけの未完成の2目を、針に糸をかけて一度に引き抜きます。1目減ります

長編み2目一度

糸を引き出しただけの未完成の2目を、針に糸をかけて一度に引き抜きます。1目減ります
※引上げ編みの場合や、目数が異なる場合も同じ要領で編みます

中長編み3目の玉編み

未完成の中長編み3目を一度に引き抜きます。※目数が異なる場合も同じ要領で編みます

長編み交差

1目先の目に長編みを編みます。次の目は、針に糸をかけて手前の目に入れて長編みを編みます
※細編みや長々編みの場合も同じ要領で編みます

［とじ・はぎ］

巻きかがり

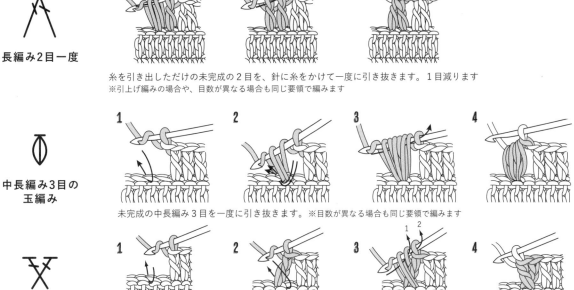

全目　　　半目

2枚の編み地を中表に合わせて、それぞれ最終段の頭の糸を、全目の場合は2本、半目の場合は内側1本ずつに針を入れてかがります

引抜きはぎ

2枚の編み地を合わせ、鎖目の頭を2本ずつ拾って引抜き編みを編みます

［その他］

えび編み

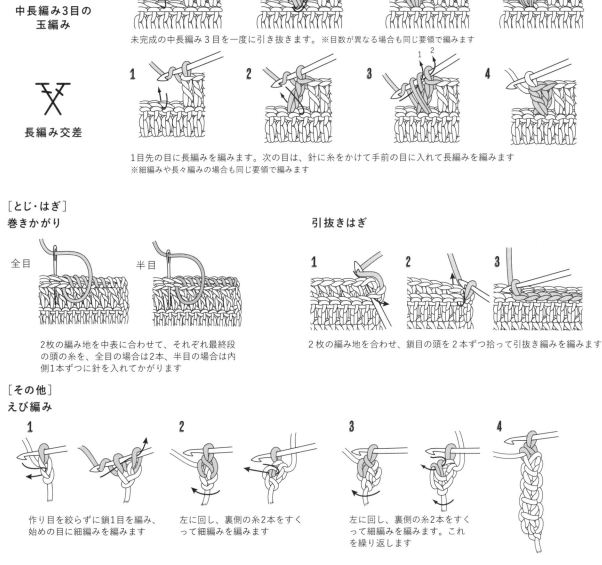

作り目を絞らずに鎖1目を編み、始めの目に細編みを編みます

左に回し、裏側の糸2本をすくって細編みを編みます

左に回し、裏側の糸2本をすくって細編みを編みます。これを繰り返します

Designers

青木恵理子　今村曜子　岡本啓子

金子祥子　河合真弓　城戸珠美

しずく堂　ナガイマサミ　橋本真由子

松田久美子　Knitting.RayRay　marshell

ucono おのゆうこ　ハマナカ企画

ブックデザイン ······ 後藤美奈子

撮影 ····················· 清水奈緒

　　　　　　　　　　安田如水（p.36-40,47,89／文化出版局）

スタイリスト ········· 鍵山奈美

ヘアメイク ············ 石川智恵

モデル ················· Eileen

DTP製作 ············· 文化フォトタイプ（p.42-91）

編み方解説 ········· 武知留美（p.42-63,66,67,70-79,82-91）

　　　　　　　　　　道本さやか（p.64,65,68,69,80,81）

校閲 ····················· 向井雅子

編集 ····················· 三角紗綾子（文化出版局）

［糸・副資材協力］

ハマナカ

hamanaka.co.jp

［撮影協力］

グラストンベリーショールーム

TEL.03-6231-0213

（Cover,p.4のボイラースーツ、p.8のコート、p.18のオーバーオール、p.20のワンピース、p.24のジャンプスーツ、p.32のパンツ／Yarmo、p.8,24,28のキャップ／PROGRESS RUNNING CLUB）

KMDファーム

TEL.03-5458-1791

（p.7のワンピース、p.12のビスチェとパンツ、p.22のワンピース、p.28のプルオーバー、p.30のワンピース、p.32のブラウス／Hériter）

ザ ディアグラウンド

TEL.0555-73-8845

（p.14のフーディとパンツ、p.16のプルオーバーとデニム、p.28のパンツ、p.35のTシャツとスカート／R&D.M.Co-）

ブリンク ベース

TEL.03-3401-2835

（p.7,22のサングラス、p.14,16,18,24,32,35の眼鏡）

AWABEES

BAG & HAT
OF ECO ANDARIA

夏のかごバッグと帽子
エコアンダリヤのデザイン A to Z

文化出版局編

2024年2月19日　第1刷発行

発行者　清木孝悦

発行所　学校法人文化学園 文化出版局

　　　　〒151-8524 東京都渋谷区代々木 3-22-1

　　　　TEL.03-3299-2487（編集）

　　　　TEL.03-3299-2540（営業）

印刷・製本所　株式会社文化カラー印刷

©学校法人文化学園 文化出版局 2024　Printed in Japan

文化出版局のホームページ

https://books.bunka.ac.jp/